W9-BKW-309

Classiques Larousse

Collection fondée par Félix Guirand, agrégé des lettres

Edmond Rostand

Cyrano de Bergerac

comédie héroïque

Édition présentée, annotée et commentée
par
PATRICE PAVIS
ancien élève de l'E.N.S. de Saint-Cloud
agrégé de l'Université

LAROUSSE

© Larousse 1991.
ISSN 0297-4479.
ISBN 2-03-871450-9.

Sommaire

Rostand : le sens du panache

1ᵉʳ avril 1868 : naissance d'Edmond Rostand à Marseille, dans une famille très cultivée de la bourgeoisie bancaire. Le père, Eugène, est économiste et poète.

1878-1884 : études au lycée à Marseille, puis au collège Stanislas à Paris.

1887 : le jeune homme reçoit le prix de l'Académie de Marseille pour une étude : *Deux romanciers de Provence, Honoré d'Urfé et Émile Zola*. Cet ouvrage apporte une contribution au débat sur le naturalisme (voir p. 348).

1889 : Edmond Rostand collabore à la rédaction d'une pièce de théâtre, *le Gant rouge*. Celle-ci est jouée quinze fois. C'est un échec.

1890 : le 8 avril, il épouse la poétesse Rosemonde Gérard.
Durant cette année prolixe, Rostand publie un *Essai sur le roman sentimental et le roman naturaliste* et un recueil de poésies, *les Musardises*. Il écrit également une *Ode à la musique* pour un chœur de femmes avec accompagnement pour piano sur une musique composée par Emmanuel Chabrier (1841-1894).

1891 : la Comédie-Française refuse à Rostand une pièce en deux actes, *les Deux Pierrot*.
Naissance d'un fils, Maurice, futur écrivain.

1893-1894 : Rostand écrit *les Romanesques,* une pièce qu'il soumet à Le Bargy, de la Comédie- Française : elle est acceptée et présentée le 21 mai 1894. Cette comédie met aux prises des personnages fantasques dont les dialogues sont subtils, quoique peut-être artificiels. Allant à contre-courant du naturalisme, la pièce a du succès auprès du public.

Naissance d'un second fils, Jean, qui sera un célèbre biologiste.

1895 : nouvelle pièce, d'inspiration biblique cette fois. Rostand porte à Sarah Bernhardt *la Princesse lointaine,* écrite spécialement pour l'actrice. La première a lieu le 5 avril; la pièce est également jouée par Lucien et Max Guitry. Elle n'obtient pourtant pas le succès escompté.

1896 : l'affaire Dreyfus déchire la France. Officier français juif, Dreyfus a été condamné à tort pour espionnage en 1894. Ce n'est qu'après une violente campagne qu'il sera gracié (1899) puis réhabilité. Rostand est « dreyfusard », il soutient l'officier contre l'antisémitisme.

Dégradation du capitaine Dreyfus en décembre 1894.
Dessin de Léon Fauret pour *la Vie illustrée.*
Bibliothèque nationale, Paris.

1897 : création de *la Samaritaine,* autre pièce écrite pour Sarah Bernhardt, le 14 avril au théâtre de la Renaissance.
Publication de poésie dans *la Revue de Paris.* Le 28 septembre, *Cyrano de Bergerac* est joué pour la première fois. La direction du théâtre de la Porte-Saint-Martin a d'abord hésité à faire représenter cette pièce et Rostand était persuadé de son échec. Le succès est pourtant éclatant et durable : on joue *Cyrano* à guichets fermés pendant plus d'un an (400 représentations de décembre 1897 à mars 1899). Rostand reçoit la Légion d'honneur.

1898 : élection à l'Académie des sciences morales et politiques. Dans une lettre-préface au livre d'Émile Magne, *les Erreurs de documentation de « Cyrano de Bergerac »* (voir p. 345), Rostand s'efforce, avec humour, de prouver l'exactitude historique de sa pièce.

1900 : le 15 mars, création de *l'Aiglon,* drame en six actes, avec Sarah Bernhardt et Lucien Guitry. L'Aiglon, fils de Napoléon et de Marie-Louise d'Autriche, est dans cette pièce une figure shakespearienne et tragique désirant la mort, de peur de ne pas être à la hauteur de son personnage. Le succès est grand, mais il n'égale pas celui de *Cyrano.* Malade et neurasthénique, Rostand se retire à Cambo-les-Bains, dans les Pyrénées-Atlantiques. Il s'installe dans une villa d'une architecture extravagante et démesurée, à l'image de la virtuosité un peu folle du personnage de Cyrano.

1901-1903 : le 30 mai 1901, élection à l'Académie française. Malade, Rostand ne prononcera son discours de réception que le 4 mai 1903. Il y fait notamment l'éloge du « panache ».
Admiré et adulé par beaucoup, il est aussi la victime de critiques très violentes.

1904-1905 : travaille à *Chantecler.*

1910 : création, le 7 février, de *Chantecler* avec Lucien Guitry, au théâtre de la Porte-Saint-Martin. Après *Cyrano,* le public est déçu.

1911 : rédaction de *la Dernière Nuit de Don Juan.*

1913 : reprise triomphale de *Cyrano de Bergerac* à la Porte-Saint-Martin. Millième représentation de la pièce.

1914 : la guerre éclate. Rostand ne peut s'engager pour des raisons de santé, mais il manifeste sa solidarité avec l'armée française.

1915-1916 : mort du père d'Edmond Rostand, puis de sa mère. Il écrit des poèmes de guerre, *le Vol de la Marseillaise,* qui seront publiés en 1919.

1918 : Rostand meurt le 2 décembre à Paris, des suites d'une grippe espagnole.

En 1921 et 1922, *la Dernière Nuit de Don Juan* sera représentée (au théâtre de la Porte-Saint-Martin) et publiée ainsi que le *Cantique de l'aile.*

Projet de costume
pour Cyrano
par Jacques Dupont
en 1964.
Bibliothèque
de la Comédie-Française.

Rostand   création
           de *Cyrano de Bergerac*
1868   1897   1918

Charles Péguy (1873-1914)

Alfred Jarry (1873-1907)

Marcel Proust (1871-1922)

André Gide (1869-1951)

Paul Claudel (1868-1955)

Romain Rolland (1866-1944)

Anton Tchekov (1860-1904)

Henri Bergson (1859-1941)

Émile Zola (1840-1902)

Second   Troisième République
Empire   (1870-1940)

1870-1871 :   1894-1899 :
guerre franco-prussienne   affaire Dreyfus

8

Cyrano,
un immense succès

Créée le 28 décembre 1897 au théâtre de la Porte-Saint-Martin, la pièce connut un succès considérable — un des plus grands de l'histoire du théâtre — tant auprès du public que de la critique. Peu avant la première, Rostand lui-même se disait persuadé de l'échec de sa pièce, se jetant même, comme le rapporte son épouse, « pâle et tout en larmes dans les bras de Coquelin, en s'écriant : "Pardon ! Ah ! pardonnez-moi, mon ami, de vous avoir entraîné dans cette désastreuse aventure !" ». Mais c'était sans compter avec la générosité de Cyrano.

La rencontre d'un acteur et d'un rôle

Le triomphe, quoique imprévisible dans ses dimensions et surtout dans sa durée, n'était pas au rendez-vous tout à fait par hasard. Outre le moment historique très sombre, mais sensible à l'héroïsme, Rostand s'était donné toutes les chances de succès. L'acteur comique Coquelin, depuis longtemps sociétaire de la Comédie-Française, lui avait spécialement commandé le rôle, et Rostand le lui écrivit sur mesure, non pas tant en fonction de son nez, mais de son aisance dans les longues tirades et en satisfaisant son appétit de monstre sacré. (Il n'hésita pas à s'attribuer des répliques originellement prévues pour d'autres personnages.) Coquelin assura la mise en scène et, pourrait-on dire, la mise en valeur maximale de son rôle, non sans le contrôle de Rostand qui, assistant aux répétitions, aimait à formuler des exigences qualifiées d'« imbéciles » par Hertz, directeur du théâtre.

Une histoire simple et populaire

Mais la pièce doit aussi son succès considérable au contexte théâtral de 1897. Au moment où le théâtre de recherche est dominé par la mise en scène naturaliste et par le théâtre symboliste, ce théâtre de cape et d'épée, sans problème métaphysique, sans prétention philosophique, sans volonté de reproduire exactement le monde, paraît une surprise agréable, un moment euphorique dans la grisaille de cette fin de siècle. Sans prétendre donner un message — autre que celui, assez touffu, du panache sans tache —, Rostand raconte une histoire simple et populaire, centrée sur un héros sans peur et sans reproche auquel on peut s'identifier grâce à son côté humain et à ses angoisses de poète escrimeur.

En flattant ce qu'on pourrait appeler (avec quelque anticipation) le complexe d'Astérix des Français, la pièce revigore un public et un peuple en proie au doute, auxquels elle donne l'impression de faire revivre la glorieuse histoire de France. Mais ils sont en fait touchés par un mythe personnel plus ou moins inconscient : celui de l'individu brillant, quoique impuissant et écrasé par une société oppressante, celui du résistant héroïque à la normalisation et à la standardisation de la société de cette fin du XIXe siècle. Le spectateur se croit transporté au début du XVIIe siècle, alors qu'on baigne en plein dans l'atmosphère à la fois glorieuse et morbide de la Belle Époque.

Une nouvelle dramaturgie

Coquelin, aidé financièrement par Rostand, avait loué la salle du théâtre de la Porte-Saint-Martin, où l'on jouait des mélodrames et des pièces historiques ; le public était donc surtout populaire, se démarquant à la fois d'un théâtre de pur boulevard et d'une institution très élégante, comme la Comédie-Française, ou très avant-gardiste, comme le Théâtre-Libre ou le théâtre de l'Œuvre. Et, de fait, la dramaturgie de la pièce refuse les facilités

Constant Coquelin (1841-1909) dans le rôle de Cyrano.

du boulevard, tout en transposant dans le registre héroïque, noble et culturel, des ingrédients de base du théâtre bourgeois : le trio, l'amoureux incompris, le ton mélodramatique du déchirement final, l'esprit et la vivacité des formulations, les allusions culturelles à l'histoire de France pour un public assez cultivé.

En même temps, la pièce sait profiter de l'« invention » toute récente de la mise en scène, car elle prend soin d'inscrire dans des indications scéniques très précises et des « exigences imbéciles » de l'auteur son mode d'emploi, veillant à utiliser au mieux toutes les possibilités et interprétations soigneusement notées, accord parfait du geste et de la parole, de la visualisation et de la versification.

Cyrano dessiné par Edmond Rostand.

Une action
riche en rebondissements

Une représentation à l'Hôtel de Bourgogne (acte I)

On doit jouer *la Clorise* de Baro à l'Hôtel de Bourgogne (ancien palais des ducs de cette province, dans lequel sera fondée la Comédie-Française). Une foule bigarrée est venue assister au spectacle : des cavaliers, des bourgeois, des marquis, le pâtissier Ragueneau, Christian de Neuvillette... et Cyrano de Bergerac qui interrompt le spectacle en chassant le comédien Montfleury de la scène.

Agressé par le vicomte de Valvert à propos de son nez, Cyrano improvise un long monologue et déclame la fameuse tirade pour montrer qu'il a de l'esprit à revendre. Après quoi, il se bat en duel contre Valvert, tout en composant une ballade sur l'art de toucher l'adversaire (sc. 4).

Resté seul avec son ami Le Bret, Cyrano avoue le motif de sa haine pour Montfleury et lui révèle l'identité de la femme qu'il aime sans espoir de retour : sa belle cousine Roxane (sc. 5). La dame de compagnie de Roxane sollicite pourtant un rendez-vous de la part de Roxane auprès de Cyrano; celui-ci, fou de joie, est heureux d'aller accomplir quelques exploits en aidant Lignière à se défendre contre les spadassins envoyés par Valvert.

La rôtisserie des poètes (acte II)

Ragueneau loue dans un même amour poésie et pâtisserie, au grand scandale de sa femme Lise (sc. 1). Cyrano, qui a rendez-vous avec Roxane, arrive à la rôtisserie avec une heure d'avance. Il n'a pas le temps d'écouter les compliments de Ragueneau et les récits admiratifs des poètes à propos de son combat de la veille. En effet, il est absorbé par la rédaction d'une lettre à Roxane (sc. 3 et 4). Après s'être débarrassé des poètes et de la duègne, Cyrano se retrouve enfin seul avec Roxane. Ils évoquent leur enfance heureuse. Mais Cyrano, qui avait cru que Roxane était amoureuse de lui-même, est vite détrompé : sa cousine aime Christian et demande à Cyrano de le protéger (sc. 6).

Les poètes et les cadets gascons viennent féliciter Cyrano; de Guiche cherche, sans succès, à s'attacher ce poète duelliste. Mais, sous le coup de sa déception amoureuse et par principe, Cyrano refuse fièrement (sc. 7), rejetant toutes les compromissions (sc. 8). Christian, qui veut prouver sa valeur aux Gascons,

Projet de costume pour Roxane
par Jacques Dupont en 1964.
Bibliothèque de la Comédie-Française.

15

cherche à provoquer Cyrano, en faisant plusieurs fois allusion à son nez (sc. 9). Cyrano, ayant promis à Roxane de protéger Christian, ne réagit pas, au grand étonnement de l'assemblée. Il propose même à Christian une alliance pour séduire Roxane : il sera l'esprit et l'autre la beauté (sc. 10).

Le baiser de Roxane (acte III)

Cyrano rend visite à sa cousine. Celle-ci lui vante l'esprit de celui qui lui envoie des lettres enflammées et qu'elle imagine être Christian : elle l'aime (sc. 1). Roxane fait croire à de Guiche qu'elle est amoureuse de lui et obtient que le régiment de Christian ne soit pas envoyé au front (sc. 2).

Roxane s'apprête à voir son amant. Mais celui-ci n'a pas eu le temps de répéter sa leçon avec Cyrano et rechigne de plus en plus à écouter la voix de son maître (sc. 4). L'entrevue avec Roxane est un fiasco (sc. 5). Pour réparer ce faux pas, Cyrano souffle son rôle à Christian puis, caché sous le balcon de Roxane, il lui déclare lui-même son amour en se faisant passer pour l'autre (sc. 7). Roxane, séduite par tant d'esprit, fait monter le vrai Christian chez elle (sc. 10).

Un capucin annonce alors la visite de De Guiche. Roxane précipite alors son mariage avec Christian, tandis que Cyrano retient de Guiche à la porte (sc. 13). Le mariage conclu, de Guiche, furieux, envoie sur-le-champ Christian au siège d'Arras.

Les cadets de Gascogne (acte IV)

Au siège d'Arras, la nourriture est rare, les Gascons sont affamés, tandis que Cyrano risque quotidiennement sa vie pour transmettre « ses » lettres à Roxane (sc. 1). Seule la fierté d'être gascon les maintient en vie. Cyrano ridiculise de Guiche, lequel se vante d'exploits imaginaires et demande aux Gascons d'avoir « l'obligeance de se faire tuer » (sc. 4).

Roxane, ayant réussi à traverser les lignes ennemies, arrive au camp pour revoir celui qu'elle croit être l'auteur des lettres qui l'ont bouleversée (sc. 5). Malgré l'attaque imminente des Espagnols, elle décide de rester avec les Gascons, auxquels elle fait la surprise d'un festin préparé par Ragueneau (sc. 6). Cyrano prévient Christian qu'« il » a écrit d'innombrables lettres. Roxane avoue aimer désormais non plus pour la beauté, mais pour cette âme qui transparaît dans les lettres (sc. 8). Christian, se sentant rejeté, somme Cyrano d'avouer leur complicité et d'obliger Roxane à choisir celui qu'elle aime (sc. 9). Sur le point de tout avouer, Cyrano y renonce lorsqu'il apprend la mort de Christian. Il mène ensuite l'attaque des Gascons (sc. 10).

La gazette de Cyrano (acte V)

Au couvent des Dames de la Croix, quinze ans après, Roxane et de Guiche (sc. 2). Ils évoquent leurs souvenirs et la situation très précaire de Cyrano, pauvre et entouré d'ennemis. Ragueneau raconte que Cyrano vient d'être victime d'une embuscade (sc. 3).

Malgré sa blessure, il rend tout de même sa visite hebdomadaire à Roxane et, luttant contre la douleur, il commence sa gazette avant de défaillir (sc. 4). Cyrano ayant souhaité lire la dernière lettre adressée à Roxane au siège d'Arras, celle-ci découvre enfin quel en fut l'auteur véritable et quel secret Cyrano a gardé en lui, pendant toute sa vie (sc. 5). Cyrano meurt au milieu de ses amis et emporte, malgré tout, son courage, sa vérité et sa pureté, c'est-à-dire son panache (sc. 7).

Edmond Rostand et son *Cyrano de Bergerac.*
Dessin humoristique de Ch. Decaux.

EDMOND ROSTAND

Cyrano de Bergerac

C'est à l'âme de Cyrano que je voudrais dédier ce poème.
Mais puisqu'elle a passé en vous,
Coquelin, c'est à vous que je le dédie.

comédie héroïque
représentée pour la première fois
le 28 décembre 1897

Personnages

Cyrano de Bergerac.
Christian de Neuvillette.
Comte de Guiche.
Ragueneau.
Le Bret.
Carbon de Castel-Jaloux.
Les cadets[1].
Lignières.
De Valvert.
Un marquis.
Deuxième marquis.
Troisième marquis.
Montfleury[2].
Bellerose[3].
Jodelet[4].
Cuigy.
D'Artagnan.
Brissaille.
Un fâcheux.

---

1. *Cadets* : gentilshommes destinés à la carrière militaire.
2. *Montfleury* : acteur français (1600-1667), notamment à l'Hôtel de Bourgogne de 1664 à 1667. Il était réputé pour son embonpoint.
3. *Bellerose* : comédien français (v. 1592-1670) et directeur de la troupe de l'Hôtel de Bourgogne de 1634 à 1643.
4. *Jodelet* : acteur français (1590-1660), notamment à l'Hôtel de Bourgogne de 1634 à 1659, puis dans la troupe de Molière.

Un mousquetaire.
Un autre.
Un officier espagnol.
Un chevau-léger[1].
Le portier.
Un bourgeois.
Son fils.
Un tire-laine[2].
Un spectateur.
Un garde.
Bertrandon le fifre.
Le capucin[3].
Deux musiciens.
Les poètes.
Les pâtissiers.
Roxane.
Sœur Marthe.
Lise.
La distributrice[4].
Mère Marguerite de Jésus.

---

1. *Chevau-léger* : soldat d'un corps de cavalerie légère.
2. *Tire-laine* : voleur.
3. *Capucin* : religieux.
4. *Distributrice* : ancêtre de l'ouvreuse. Elle servait aussi de « douces liqueurs » au spectateur.

La duègne[1].

Sœur Claire.

Une comédienne.

La soubrette.

Les pages.

La bouquetière.

Une dame.

Une précieuse[2].

Une sœur.

La foule, bourgeois, marquis, mousquetaires, tire-laine, pâtissiers, poètes, cadets, gascons, comédiens, violons, pages, enfants, soldats espagnols, spectateurs, spectatrices, précieuses, comédiennes, bourgeoises, religieuses, etc.

Les quatre premiers actes ont lieu en 1640, le cinquième, en 1655.

---

1. *Duègne* : gouvernante, souvent âgée, chargée de veiller sur la conduite d'une jeune femme.
2. *Précieuse* : femme qui fait preuve d'un grand raffinement dans les sentiments, les manières et l'expression. La préciosité fut très influente dans les salons au début du XVIIe siècle.

Acte premier

Une représentation à l'Hôtel de Bourgogne

La salle de l'Hôtel de Bourgogne, en 1640. Sorte de hangar de jeu de paume aménagé et embelli pour des représentations. La salle est un carré long : on la voit en biais, de sorte qu'un de ses côtés forme le fond qui part du premier plan, à droite, et va au dernier plan, à gauche, faire angle avec la scène, qu'on aperçoit en pan coupé.

Cette scène est encombrée[1], des deux côtés, le long des coulisses, par des banquettes. Le rideau est formé par deux tapisseries qui peuvent s'écarter. Au-dessus du manteau d'Arlequin[2], les armes royales. On descend de l'estrade dans la salle par de larges marches. De chaque côté de ces marches, la place des violons. Rampe de chandelles[3].

Deux rangs superposés de galeries latérales : le rang supérieur est divisé en loges. Pas de sièges au parterre, qui est la scène même du théâtre ; au fond de ce parterre, c'est-à-dire à droite, premier plan, quelques bancs formant gradins et, sous un escalier qui monte vers des places supérieures, et dont on ne voit que le départ, une sorte de buffet orné de petits lustres, de vases fleuris, de verres de cristal, d'assiettes de gâteaux, de flacons, etc.

Au fond, au milieu, sous la galerie de loges, l'entrée du théâtre. Grande porte qui s'entrebâille pour laisser passer les spectateurs. Sur les battants de cette porte, ainsi que dans plusieurs coins et au-dessus du buffet, des affiches rouges sur lesquelles on lit : La Clorise.

Au lever du rideau, la salle est dans une demi-obscurité, vide encore. Les lustres sont baissés au milieu du parterre, attendant d'être allumés.

---

1. Au XVIIe siècle et jusqu'à la moitié du XVIIIe, la scène était encombrée de banquettes disposées des deux côtés de l'espace scénique et occupées notamment par les « petits marquis ».
2. *Manteau d'Arlequin* : dispositif qui délimite le cadre de scène et s'adapte aux dimensions choisies pour l'ouverture de scène.
3. Autre détail historiquement exact, même si la description de Rostand n'a rien d'une reconstitution archéologique du Théâtre de Bourgogne.

SCÈNE PREMIÈRE. LE PUBLIC, *qui arrive peu à peu.*
CAVALIERS, BOURGEOIS, LAQUAIS, PAGES, TIRE-LAINE, LE PORTIER, *etc., puis* LES MARQUIS, CUIGNY, BRISSAILLE, LA DISTRIBUTRICE, LES VIOLONS, *etc.*

On entend derrière la porte un tumulte de voix, puis un cavalier entre brusquement.

LE PORTIER, *le poursuivant.*
Holà! vos quinze sols!

LE CAVALIER
J'entre gratis[1]!

LE PORTIER
Pourquoi?

LE CAVALIER
Je suis cheveau-léger de la maison du Roi!

LE PORTIER, *à un autre cavalier qui vient d'entrer.*
Vous?

DEUXIÈME CAVALIER
Je ne paye pas

LE PORTIER
Mais...

DEUXIÈME CAVALIER
Je suis mousquetaire.

PREMIER CAVALIER, *au deuxième.*
On ne commence qu'à deux heures. Le parterre[2]
5 Est vide. Exerçons-nous au fleuret.
Ils font des armes avec des fleurets qu'ils ont apportés.

---

1. Certaines catégories de la noblesse avaient en effet le privilège de ne pas payer leur place au théâtre.
2. *Le parterre :* l'espace face à la scène, où le public se tenait debout. Ces « places » les moins chères sont celles de la bourgeoisie, des laquais, parfois du peuple.

UN LAQUAIS, *entrant.*

Pst... Flanquin?...

UN AUTRE, *déjà arrivé.*

Champagne?...

LE PREMIER, *lui montrant des jeux qu'il sort de son pourpoint.*
Cartes. Dés.
Il s'assied par terre.

Jouons.

LE DEUXIÈME, *même jeu.*

Oui, mon coquin.

PREMIER LAQUAIS, *tirant de sa poche un bout de chandelle qu'il allume et colle par terre.*
J'ai soustrait à mon maître un peu de luminaire.

UN GARDE, *à une bouquetière qui s'avance.*
C'est gentil de venir avant que l'on n'éclaire!...
Il lui prend la taille.

UN DES BRETTEURS, *recevant un coup de fleuret.*
Touche!

UN DES JOUEURS

Trèfle!

LE GARDE, *poursuivant la fille.*
Un baiser!

LA BOUQUETIÈRE, *se dégageant.*

On voit!...

LE GARDE, *l'entraînant dans les coins sombres.*

Pas de danger!

UN HOMME, *s'asseyant par terre avec d'autres porteurs de provisions de bouche.*

10 Lorsqu'on vient en avance, on est bien pour manger.

UN BOURGEOIS, *conduisant son fils.*

Plaçons-nous là, mon fils.

UN JOUEUR
Brelan d'as!

25

UN HOMME, *tirant une bouteille de sous son manteau et s'asseyant aussi.*

Un ivrogne

Doit boire son bourgogne...
Il boit.

à l'hôtel de Bourgogne!

LE BOURGEOIS, *à son fils.*

Ne se croirait-on pas en quelque mauvais lieu?
Il montre l'ivrogne du bout de sa canne.
Buveurs...
En rompant, un des cavaliers le bouscule.

Bretteurs!
Il tombe au milieu des joueurs.

Joueurs!

LE GARDE, *derrière lui, lutinant[1] toujours la femme.*

Un baiser!

LE BOURGEOIS, *éloignant vivement son fils.*

Jour de Dieu[2]!

15 Et penser que c'est dans une salle pareille
Qu'on joua du Rotrou[3], mon fils!

LE JEUNE HOMME

Et du Corneille!

UNE BANDE DE PAGES, *se tenant par la main, entre en farandole[4] et chante.*

Tra la la la la la la la la la lalère...

LE PORTIER, *sévèrement aux pages.*

Les pages, pas de farce!...

---

1. *Lutinant* : taquinant, poursuivant de ses assiduités.
2. *Jour de Dieu* : exclamation populaire pour « mon Dieu ».
3. *Rotrou* : auteur de comédies et de tragédies (1609-1650).
4. *Farandole* : cortège dansant.

PREMIER PAGE, *avec une dignité blessée.*
Oh! Monsieur! ce soupçon!...
Vivement au deuxième, dès que le portier a tourné le dos.
As-tu de la ficelle?

LE DEUXIÈME
Avec un hameçon.

PREMIER PAGE
20 On pourra de là-haut pêcher quelque perruque.

UN TIRE-LAINE, *groupant autour de lui plusieurs hommes de mauvaise mine.*
Or çà, jeunes escrocs, venez qu'on vous éduque :
Puis donc que[1] vous volez pour la première fois...

DEUXIÈME PAGE, *criant à d'autres pages déjà placés aux galeries supérieures.*
Hep! Avez-vous des sarbacanes?

TROISIÈME PAGE, *d'en haut.*
Et des pois!
Il souffle et les crible de pois.

LE JEUNE HOMME, *à son père.*
Que va-t-on nous jouer?

LE BOURGEOIS
Clorise.

LE JEUNE HOMME
De qui est-ce?

LE BOURGEOIS
25 De monsieur Balthazar Baro[2]. C'est une pièce!...
Il remonte au bras de son fils.

LE TIRE-LAINE, *à ses acolytes.*
... La dentelle surtout des canons, coupez-la!

---

1. *Puis donc que :* forme archaïque pour « puisque ».
2. *La Clorise,* pièce de Balthazar Baro (v. 1585-1650), fut créée en 1631 à l'Hôtel de Bourgogne.

UN SPECTATEUR, *à un autre, lui montrant une encoignure élevée.*
Tenez, à la première du *Cid*[1], j'étais là!

LE TIRE-LAINE, *faisant avec ses doigts le geste de subtiliser.*
Les montres...

LE BOURGEOIS, *redescendant, à son fils.*
Vous verrez des acteurs très illustres...

LE TIRE-LAINE, *faisant le geste de tirer par petites secousses
furtives.*
Les mouchoirs...

LE BOURGEOIS
Montfleury...

QUELQU'UN, *criant de la galerie supérieure.*
Allumez donc les lustres!

LE BOURGEOIS
30 ... Bellerose, l'Épy, la Beaupré, Jodelet!

UN PAGE, *au parterre.*
Ah! voici la distributrice!...

LA DISTRIBUTRICE, *paraissant derrière le buffet.*
Oranges, lait,
Eau de framboise, aigre de cèdre[2]...
Brouhaha à la porte.

UNE VOIX DE FAUSSET
Places, brutes!

UN LAQUAIS, *s'étonnant.*
Les marquis!... au parterre?...

UN AUTRE LAQUAIS
Oh! pour quelques minutes.
Entre une bande de petits marquis.

---

1. La première du *Cid* eut lieu en réalité au théâtre du Marais, en 1636.
2. *Aigre de cèdre* : citronnade.

UN MARQUIS, *voyant la salle à moitié vide.*
Hé quoi! Nous arrivons ainsi que les drapiers,
35 Sans déranger les gens? sans marcher sur les pieds?
Ah fi! fi! fi!
Il se trouve devant d'autres gentilshommes entrés peu avant.
   Cuigy! Brissaille!
Grandes embrassades.

CUIGY
   Des fidèles!
Mais oui, nous arrivons devant que[1] les chandelles...

LE MARQUIS
Ah! ne m'en parlez pas! Je suis dans une humeur...

UN AUTRE
Console-toi, marquis, car voici l'allumeur!

LA SALLE, *saluant l'entrée de l'allumeur.*
40 Ah!...

On se groupe autour des lustres qu'il allume. Quelques personnes ont pris place aux galeries. Lignière entre au parterre, donnant le bras à Christian de Neuvillette. Lignière, un peu débraillé, figure d'ivrogne distingué. Christian, vêtu élégamment, mais d'une façon un peu démodée, paraît préoccupé et regarde les loges.

---

1. *Devant que* : avant que.

Acte I Scène 1

LA LISTE DES PERSONNAGES

1. Que penser de la longueur de cette liste ? Quels personnages principaux ressortent de l'ensemble ? À quoi les devinez-vous ?

2. Quels groupes sont représentés par un ou plusieurs personnages ? Quelle image de la société est ainsi donnée ?

3. Quels problèmes se posent au metteur en scène pour établir sa distribution ?

LE DISPOSITIF SCÉNIQUE

4. La reconstitution de Rostand s'approche-t-elle de la réalité historique ?

5. Que peut-on imaginer du rapport entre la salle et la scène dans ce type de théâtre ?

6. Ce dispositif est celui d'un théâtre dans le théâtre, puisque la pièce de Rostand se joue dans un lieu déjà théâtralisé : quelles en sont les conséquences pour l'atmosphère générale de la pièce, la théâtralité des personnages-acteurs, la métaphore du monde comme théâtre ?

L'EXPOSITION

7. Pourquoi commencer ainsi la pièce en pleine action *(in media res)* ? Quelle peut être la fonction dramaturgique de cette « exposition roulante » ? Justifiez votre point de vue.

8. L'installation de quelques-uns des futurs protagonistes : pourquoi a-t-elle lieu en fin de scène ? Pourquoi ne prononcent-ils aucune parole ?

9. En quoi cette scène diffère-t-elle d'une exposition de pièce classique (Racine, Corneille, etc.) ?

L'ESCRIME VERBALE
ET L'ENTRELACEMENT DES DISCOURS

10. Comment s'organise sur le même mode la rhétorique des mots et le duel des fleurets ? Dans toute la pièce, vous noterez l'importance de cette métaphore de l'échange et du conflit.

11. Les jeux de mots et de rimes sont-ils de même valeur chez tous les personnages ? Notez comment ils sont caractérisés selon leur habileté oratoire.

12. Plusieurs groupes conversent simultanément, chacun poursuivant son idée : quelle impression en résulte pour le spectateur?

13. Remarquez avec quel soin Rostand tresse un dialogue «spatialisé» et fait dialoguer, malgré eux, des groupes différents.
Vous pourrez étudier ce principe de composition tout au long de la pièce.

SCÈNE 2.   LES MÊMES, CHRISTIAN, LIGNIÈRE,
puis RAGUENEAU *et* LE BRET.

CUIGY

Lignière!

BRISSAILLE, *riant.*

Pas encor gris!...

LIGNIÈRE, *bas à Christian.*

Je vous présente?

Signe d'assentiment de Christian.
Baron de Neuvillette.
Saluts.

LA SALLE, *acclamant l'ascension du premier lustre allumé.*
Ah!

CUIGY, *à Brissaille, en regardant Christian.*
La tête est charmante.

PREMIER MARQUIS, *qui a entendu.*

Peuh!...

LIGNIÈRE, *présentant à Christian.*
Messieurs de Cuigy, de Brissaille...

CHRISTIAN, *s'inclinant.*

Enchanté!...

PREMIER MARQUIS, *au deuxième.*
Il est assez joli, mais n'est pas ajusté
Au dernier goût.

LIGNIÈRE, *à Cuigy.*
Monsieur débarque de Touraine.

CHRISTIAN

45 Oui, je suis à Paris depuis vingt jours à peine.
J'entre aux gardes demain, dans les Cadets.

PREMIER MARQUIS, *regardant les personnes qui entrent
dans les loges.*

Voilà

La présidente Aubry!

LA DISTRIBUTRICE
Oranges, lait...

LES VIOLONS, *s'accordant.*
La... la...

CUIGY, *à Christian, lui désignant la salle qui se garnit.*
Du monde!

CHRISTIAN
Eh! oui, beaucoup.

PREMIER MARQUIS
Tout le bel air!
Ils nomment les femmes à mesure qu'elles entrent, très parées, dans les loges. Envois de saluts, réponses de sourires.

DEUXIÈME MARQUIS

Mesdames
De Guéméné...

CUIGY
De Bois-Dauphin...

PREMIER MARQUIS
Que nous aimâmes!

BRISSAILLE
50   De Chavigny[1]...

DEUXIÈME MARQUIS
Qui de nos cœurs va se jouant!

LIGNIÈRE
Tiens, monsieur de Corneille est arrivé de Rouen:

LE JEUNE HOMME, *à son père.*
L'Académie[2] est là?

---

1. *De Guéméné ... Chavigny* : figures importantes de la préciosité historiquement attestées, même si elles ont en réalité été actives une vingtaine d'années
plus tard.
2. *L'Académie* : institution créée par Richelieu, pour régenter la vie littéraire.
Rostand souligne son activité « sur le terrain ».

LE BOURGEOIS

Mais... J'en vois plus d'un membre ;
Voici Boudu, Boissat, et Cureau de la Chambre ;
Porchères, Colomby, Bourzeys, Bourdon, Arbaud...
55 Tous ces noms dont pas un ne mourra, que c'est beau !

PREMIER MARQUIS

Attention ! nos précieuses prennent place :
Barthénoïde, Urimédonte, Cassandace,
Félixérie...

DEUXIÈME MARQUIS, *se pâmant.*

Ah ! Dieu ! leurs surnoms sont exquis !
Marquis, tu les sais tous ?

PREMIER MARQUIS

Je les sais tous, marquis !

LIGNIÈRE, *prenant Christian à part.*

60 Mon cher, je suis entré pour vous rendre service :
La dame ne vient pas. Je retourne à mon vice !

CHRISTIAN, *suppliant.*

Non ! vous qui chansonnez[1] et la ville et la cour,
Restez : Vous me direz pour qui je meurs d'amour.

LE CHEF DES VIOLONS, *frappant sur son pupitre, avec son archet.*

Messieurs les violons !...
Il lève son archet.

LA DISTRIBUTRICE

Macarons, citronnée...
Les violons commencent à jouer.

CHRISTIAN

65 J'ai peur qu'elle ne soit coquette et raffinée,
Je n'ose lui parler, car je n'ai pas d'esprit.

---

1. *Chansonnez* : raillez par une chanson satirique à la manière des chanson-niers.

Le langage aujourd'hui qu'on parle et qu'on écrit,
Me trouble. Je ne suis qu'un bon soldat timide.
— Elle est toujours à droite, au fond : la loge vide.

LIGNIÈRE, *faisant mine de sortir.*

70 Je pars.

CHRISTIAN, *le retenant encore.*

Oh! non, restez!

LIGNIÈRE

Je ne peux. D'Assoucy[1]
M'attend au cabaret. On meurt de soif, ici.

LA DISTRIBUTRICE, *passant devant lui avec un plateau.*

Orangeade?

LIGNIÈRE

Fi!

LA DISTRIBUTRICE

Lait?

LIGNIÈRE

Pouah!

LA DISTRIBUTRICE

Rivesalte[2]?

LIGNIÈRE

Halte!

À Christian.

Je reste encore un peu. — Voyons ce rivesalte.
Il s'assied près du buffet. La distributrice lui verse du rivesalte.

---

1. *D'Assoucy* : poète et éditeur (1605-1677), notamment des œuvres de Cyrano de Bergerac.
2. *Rivesalte* : vin doux des Pyrénées-Orientales (on écrirait aujourd'hui Rivesaltes).

CRIS, *dans le public à l'entrée d'un petit homme*
grassouillet et réjoui.

Ah! Ragueneau!...

LIGNIÈRE, *à Christian.*

Le grand rôtisseur Ragueneau.

RAGUENEAU, *costume de pâtissier endimanché, s'avançant*
vivement vers Lignière.

75 Monsieur, avez-vous vu monsieur de Cyrano?

LIGNIÈRE, *présentant Ragueneau à Christian.*

Le pâtissier des comédiens et des poètes!

RAGUENEAU, *se confondant.*

Trop d'honneur...

LIGNIÈRE

Taisez-vous, Mécène que vous êtes!

RAGUENEAU

Oui, ces messieurs chez moi se servent...

LIGNIÈRE

À crédit.

Poète de talent lui-même...

RAGUENEAU

Ils me l'ont dit.

LIGNIÈRE

80 Fou de vers!

RAGUENEAU

Il est vrai que pour une odelette...

LIGNIÈRE

Vous donnez une tarte...

RAGUENEAU

Oh! une tartelette!

LIGNIÈRE

Brave homme, il s'en excuse!... Et pour un triolet
Ne donnâtes-vous pas?...

36

RAGUENEAU

Des petits pains!

LIGNIÈRE, *sévèrement.*

Au lait.

— Et le théâtre! vous l'aimez?

RAGUENEAU

Je l'idolâtre.

LIGNIÈRE

85 Vous payez en gâteaux vos billets de théâtre!
Votre place, aujourd'hui, là, voyons, entre nous,
Vous a coûté combien?

RAGUENEAU

Quatre flans. Quinze choux.

Il regarde de tous côtés.

Monsieur de Cyrano n'est pas là? Je m'étonne.

LIGNIÈRE

Pourquoi?

RAGUENEAU

Montfleury joue!

LIGNIÈRE

En effet, cette tonne[1]

90 Va nous jouer ce soir le rôle de Phédon[2].
Qu'importe à Cyrano?

RAGUENEAU

Mais vous ignorez donc?
Il fit à Montfleury, messieurs, qu'il prit en haine,
Défense, pour un mois, de reparaître en scène.

---

1. *Tonne :* employé ici à la fois au sens de tonneau et d'unité de poids.
2. *Phédon :* personnage de *la Clorise.* Le nom rappelle le titre d'un dialogue de Platon (philosophe grec, 428-348 av. J.-C.) où il est question de l'immortalité de l'âme (d'où le caractère ironique de cette appellation).

LIGNIÈRE , *qui en est à son quatrième petit verre.*
Eh bien?

RAGUENEAU

Montfleury joue!

CUIGY, *qui s'est rapproché de son groupe.*
Il n'y peut rien.

RAGUENEAU

Oh! Oh!

95 Moi, je suis venu voir!

PREMIER MARQUIS
Quel est ce Cyrano?

CUIGY
C'est un garçon versé dans les colichemardes[1].

DEUXIÈME MARQUIS

Noble?

CUIGY
Suffisamment. Il est cadet aux gardes.
*Montrant un gentilhomme qui va et vient dans la salle comme s'il
cherchait quelqu'un.*
Mais son ami Le Bret peut vous dire...
Il appelle.

Le Bret!

Le Bret descend vers eux.
Vous cherchez Bergerac?

LE BRET
Oui, je suis inquiet!...

CUIGY
100 N'est-ce pas que cet homme est des moins ordinaires?

---

1. *Colichemardes* : épées à large lame.

LE BRET, *avec tendresse.*
Ah! c'est le plus exquis des êtres sublunaires[1]!

RAGUENEAU
Rimeur!

CUIGY
Bretteur[2]!

BRISSAILLE
Physicien!

LE BRET
Musicien!

LIGNIÈRE
Et quel aspect hétéroclite que le sien!

RAGUENEAU
Certes, je ne crois pas que jamais nous le peigne
105 Le solennel monsieur Philippe de Champaigne[3];
Mais bizarre, excessif, extravagant, falot,
Il eût fourni, je pense, à feu Jacques Callot[4]
Le plus fol spadassin à mettre entre ses masques :
Feutre à panache[5] triple et pourpoint à six basques,
110 Cape que par-derrière, avec pompe, l'estoc[6]
Lève, comme une queue insolente de coq,

---

1. *Sublunaires* : situés sous la lune, autrement dit sur terre. Cette caractérisation renvoie aux écrits lunaires du véritable Cyrano.
2. *Bretteur* : qui aime se battre à l'épée (synonyme, ferrailleur).
3. *Philippe de Champaigne* : peintre (1602-1674) d'hommes politiques (Richelieu notamment) ou de jansénistes de Port-Royal.
4. *Jacques Callot* : maître de l'eau-forte (1592-1635), il peignit des types de la commedia dell'arte ou « masques » (d'où ce terme de « masques » au vers suivant).
5. *Panache* : première occurrence d'un mot qui revient plusieurs fois comme un leitmotiv du caractère de Cyrano et culmine dans le dernier vers de la pièce.
6. *Estoc* : grande épée droite.

Plus fier que tous les Artabans[1] dont la Gascogne
Fut et sera toujours l'alme[2] Mère Gigogne,
Il promène en sa fraise à la Pulcinella[3],
115 Un nez!... Ah! messeigneurs, quel nez que ce nez-là!...
On ne peut voir passer un pareil nasigère[4]
Sans s'écrier : « Oh! non, vraiment, il exagère! »
Puis on sourit, on dit : « Il va l'enlever... » Mais
Monsieur de Bergerac ne l'enlève jamais.

LE BRET, *hochant la tête.*

120 Il le porte, — et pourfend quiconque le remarque!

RAGUENEAU, *fièrement.*

Son glaive est la moitié des ciseaux de la Parque[5]!

PREMIER MARQUIS, *haussant les épaules.*

Il ne viendra pas!

RAGUENEAU
Si!... Je parie un poulet
À la Ragueneau!

LE MARQUIS, *riant.*
Soit!

*Rumeurs d'admiration dans la salle. Roxane vient de paraître dans sa
loge. Elle s'assied sur le devant, sa duègne prend place au fond.
Christian, occupé à payer la distributrice, ne regarde pas.*

---

1. Allusion à Artaban, un personnage du poète précieux La Calprenède dans
Cléopâtre (1647-1658), dont la fierté est devenue proverbiale (« fier comme
Artaban »).
2. *Alme :* du latin *almus*, fécond. L'adjectif semble se rapporter au groupe
« Mère Gigogne » (la Gigogne est un personnage du théâtre forain du xviie siècle,
femme géante qui accouche d'une foule d'enfants). On peut également entendre la traduction française du latin *alma mater* qui signifie « mère nourricière »
et, par métaphore, la patrie ou l'université.
3. *Pulcinella :* nom italien de Polichinelle, personnage de la commedia dell'arte
italienne.
4. *Nasigère :* forme argotique pour « nez ».
5. Les Parques étaient des déesses infernales grecques qui filaient et coupaient
la trame de la vie humaine.

40

DEUXIÈME MARQUIS, *avec des petits cris.*
Ah! messieurs! mais elle est
Épouvantablement ravissante!

PREMIER MARQUIS
Une pêche
125 Qui sourirait avec une fraise!

DEUXIÈME MARQUIS
Et si fraîche
Qu'on pourrait, l'approchant, prendre un rhume de cœur!

CHRISTIAN, *lève la tête, aperçoit Roxane, et saisit vivement*
Lignière par le bras.
C'est elle!

LIGNIÈRE, *regardant.*
Ah! c'est elle?...

CHRISTIAN
Oui. Dites vite. J'ai peur.

LIGNIÈRE, *dégustant son rivesalte à petits coups.*
Magdeleine Robin, dite Roxane. — Fine.
Précieuse.

CHRISTIAN
Hélas!

LIGNIÈRE
Libre. Orpheline. Cousine.
130 De Cyrano, — dont on parlait...
À ce moment un seigneur très élégant, le cordon bleu[1] *en sautoir, entre*
dans la loge et, debout, cause un instant avec Roxane.

CHRISTIAN, *tressaillant.*
Cet homme?...

LIGNIÈRE, *qui commence à être gris, clignant de l'œil.*
Hé! Hé!...

---

1. *Cordon bleu* : insigne des chevaliers de l'ordre du Saint-Esprit, le plus illustre des ordres de chevalerie de l'ancienne France.

— Comte de Guiche. Épris d'elle. Mais marié
À la nièce d'Armand de Richelieu. Désire
Faire épouser Roxane à certain triste sire,
Un monsieur de Valvert, vicomte... et complaisant.
135 Elle n'y souscrit pas, mais de Guiche est puissant :
Il peut persécuter une simple bourgeoise.
D'ailleurs j'ai dévoilé sa manœuvre sournoise
Dans une chanson qui... Ho! il doit m'en vouloir!
— La fin était méchante... Écoutez...
Il se lève en titubant, le verre haut, prêt à chanter.

CHRISTIAN

Non. Bonsoir.

LIGNIÈRE

140 Vous allez?

CHRISTIAN

Chez monsieur de Valvert!

LIGNIÈRE

Prenez garde :
C'est lui qui vous tuera!
Lui désignant du coin de l'œil Roxane.

Restez. On vous regarde.

CHRISTIAN

C'est vrai!
Il reste en contemplation. Le groupe de tire-laine, à partir de ce moment, le voyant la tête en l'air et la bouche bée, se rapproche de lui.

LIGNIÈRE

C'est moi qui pars. J'ai soif! Et l'on m'attend
Dans des tavernes!
Il sort en zigzaguant.

LE BRET, *qui a fait le tour de la salle, revenant vers Ragueneau, d'une voix rassurée.*

Pas de Cyrano.

RAGUENEAU, *incrédule.*

Pourtant...

42

LE BRET

Ah! je veux espérer qu'il n'a pas vu l'affiche!

LA SALLE, *trépignante*.

145 Commencez! Commencez!

SCÈNE 3.   LES MÊMES, *moins* LIGNIÈRE; DE GUICHE, VALVERT, *puis* MONTFLEURY.

UN MARQUIS, *voyant de Guiche, qui descend de la loge de Roxane, traverse le parterre, entouré de seigneurs obséquieux, parmi lesquels le vicomte de Valvert.*

Quelle cour, ce de Guiche!

UN AUTRE

Fi!... Encore un Gascon!

LE PREMIER

Le Gascon souple et froid,

Celui qui réussit!... Saluons-le, crois-moi.

Ils vont vers de Guiche.

DEUXIÈME MARQUIS

Les beaux rubans! Quelle couleur, comte de Guiche?

« Baise-moi-ma-mignonne » ou bien « Ventre-de-Biche »[1]?

DE GUICHE

150 C'est couleur « Espagnol malade ».

---

1. Les gentilshommes portaient beaucoup de rubans : même le Misanthrope est un « homme aux rubans verts » (*le Misanthrope* V, 4). Ces noms, très alambiqués et suggérant un costume et une couleur très efféminés, semblent avoir été employés à l'époque.

43

De Guiche (Jacques Weber) dans *Cyrano de Bergerac,*
film de Jean-Paul Rappeneau, 1990.

PREMIER MARQUIS
                    La couleur
Ne ment pas, car bientôt, grâce à votre valeur,
L'Espagnol ira mal, dans les Flandres!

DE GUICHE
                    Je monte
Sur scène. Venez-vous?
Il se dirige, suivi de tous les marquis et gentilshommes, vers le théâtre. Il
se retourne et appelle.

Viens, Valvert!

44

CHRISTIAN, *qui les écoute et les observe,*
tressaille en entendant ce nom.

Le vicomte!

Ah! je vais lui jeter à la face mon...
Il met la main dans sa poche, et y rencontre celle d'un tire-laine en train
de le dévaliser. Il se retourne.

Hein?

LE TIRE-LAINE

155 Ay!...

CHRISTIAN, *sans le lâcher.*
Je cherchais un gant!

LE TIRE-LAINE, *avec un sourire piteux.*

Vous trouvez une main.

Changeant de ton, bas et vite.
Lâchez-moi. Je vous livre un secret.

CHRISTIAN, *le tenant toujours.*

Quel?

LE TIRE-LAINE

Lignière...

Qui vous quitte...

CHRISTIAN, *de même.*
Eh bien?

LE TIRE-LAINE

... touche à son heure dernière.

Une chanson qu'il fit blessa quelqu'un de grand,
Et cent hommes — j'en suis — ce soir sont postés!...

CHRISTIAN

Cent!

160 Par qui?

LE TIRE-LAINE

Discrétion...

CHRISTIAN, *haussant les épaules.*
Oh!

45

LE TIRE-LAINE, *avec beaucoup de dignité.*
Professionnelle!

CHRISTIAN

Où seront-ils postés?

LE TIRE-LAINE
À la porte de Nesle.
Sur son chemin. Prévenez-le!

CHRISTIAN, *qui lui lâche enfin le poignet.*
Mais où le voir?

LE TIRE-LAINE

Allez courir tous les cabarets : *le Pressoir
D'Or, la Pomme de Pin, la Ceinture qui craque,*
165 *Les Deux Torches, les Trois Entonnoirs,* — et dans chaque,
Laissez un petit mot d'écrit l'avertissant.

CHRISTIAN

Oui, je cours! Ah! les gueux! Contre un seul homme, cent!
Regardant Roxane avec amour.
La quitter... elle!
Regardant avec fureur Valvert.
Et lui!... — Mais il faut que je sauve
Lignière!...
*Il sort en courant. De Guiche, le vicomte, les marquis, tous les
gentilshommes ont disparu derrière le rideau pour prendre place sur les
banquettes de la scène. Le parterre est complètement rempli. Plus une
place vide aux galeries et aux loges.*

LA SALLE

Commencez!

UN BOURGEOIS, *dont la perruque s'envole au bout d'une ficelle,
pêchée par un page de la galerie supérieure.*
Ma perruque!

CRIS DE JOIE
Il est chauve!
170 Bravo, les pages!... Ha! ha! ha!...

LE BOURGEOIS, *furieux, montrant le poing.*
Petit gredin!

46

Rires et cris, *qui commencent très fort et vont décroissant.*
Ha! ha! ha! ha! ha! ha!
Silence complet.

Le Bret, *étonné.*
Ce silence soudain?...
Un spectateur lui parle bas.
Ah?...

Le spectateur
La chose me vient d'être certifiée.
Murmures, *qui courent.*
Chut! — Il paraît?... — Non!... — Si! — Dans la loge grillée. —
Le Cardinal! — Le Cardinal? — Le Cardinal[1]!

Un page
175 Ah! diable, on ne va pas pouvoir se tenir mal!
On frappe sur la scène. Tout le monde s'immobilise. Attente.

La voix d'un marquis, *dans le silence, derrière le rideau.*
Mouchez cette chandelle[2]!

Un autre marquis, *passant la tête par la fente du rideau.*
Une chaise!
*Une chaise est passée, de main en main, au-dessus des têtes. Le
marquis la prend et disparaît, non sans avoir envoyé quelques baisers
aux loges.*

Un spectateur
Silence!
*On refrappe les trois coups. Le rideau s'ouvre. Tableau. Les marquis
assis sur les côtés, dans des poses insolentes. Toile de fond représentant*

---

1. *Le Cardinal :* Richelieu, éminence de la politique et des lettres, assistait
parfois incognito au spectacle. Cela renforce l'idée d'une société contrôlée
jusque dans ses manifestations artistiques.
2. Il fallait en effet moucher et remplacer régulièrement les chandelles, entre les
actes notamment. C'est peut-être pourquoi la durée d'un acte de dramaturgie
classique ne devait pas dépasser celle d'une bougie.

un décor bleuâtre de pastorale. Quatre petits lustres de cristal éclairent la scène. Les violons jouent doucement.

LE BRET, *à Ragueneau, bas.*

Montfleury entre en scène?

RAGUENEAU, *bas aussi.*

Oui, c'est lui qui commence.

LE BRET

Cyrano n'est pas là.

RAGUENEAU

J'ai perdu mon pari.

LE BRET

Tant mieux! tant mieux!

On entend un air de musette, et Montfleury paraît en scène, énorme, dans un costume de berger de pastorale, un chapeau garni de roses penché sur l'oreille, et soufflant dans une cornemuse enrubannée.

LE PARTERRE, *applaudissant.*

Bravo, Montfleury! Montfleury!

MONTFLEURY, *après avoir salué, jouant le rôle de Phédon.*

180 « Heureux qui loin des cours, dans un lieu solitaire,
Se prescrit à soi-même un exil volontaire[1],
Et qui, lorsque Zéphire[2] a soufflé sur les bois... »

UNE VOIX, *au milieu du parterre.*

Coquin, ne t'ai-je pas interdit pour un mois?

Stupeur. Tout le monde se retourne. Murmures.

VOIX DIVERSES

Hein? — Quoi? — Qu'est-ce?...

On se lève dans les loges, pour voir.

CUIGY

C'est lui!

---

1. Les deux premiers vers reprennent le début de *la Clorise*.
2. *Zéphire* : nom du vent léger dans la mythologie grecque, devenu nom commun dans la langue courante.

LE BRET, *terrifié.*
                              Cyrano!
              LA VOIX
                                     Roi des pitres,
185 Hors de scène à l'instant!

            TOUTE LA SALLE, *indignée.*
                      Oh!
                  MONTFLEURY
                      Mais...
              LA VOIX
                          Tu récalcitres[1]?

      VOIX DIVERSES, *du parterre, des loges.*
Chut! — Assez! — Montfleury, jouez! — Ne craignez rien!...
        MONTFLEURY, *d'une voix mal assurée.*
« Heureux qui loin des cours dans un lieu sol... »

            LA VOIX, *plus menaçante.*
                                  Eh bien?
Faudra-t-il que je fasse, ô Monarque des drôles,
Une plantation de bois sur vos épaules[2]?
Une canne au bout d'un bras jaillit au-dessus des têtes.

        MONTFLEURY, *d'une voix de plus en plus faible.*
190 « Heureux qui... »
La canne s'agite.

                  LA VOIX
              Sortez!
                  LE PARTERRE
                  Oh!

---

1. *Récalcitres* : résistes avec opiniâtreté. Rostand a utilisé un verbe qui n'est plus guère employé qu'au participe présent (récalcitrant : insoumis, rebelle).
2. Le type de rime identique renforce le caractère grotesque et paradoxal de la situation. Réécriture probable du passage de la *Lettre satirique* de Cyrano de Bergerac.

MONTFLEURY, *s'étranglant.*
> « Heureux qui loin des cours... »

CYRANO, *surgissant du parterre, debout sur une chaise, les bras croisés, le feutre en bataille, la moustache hérissée, le nez terrible.*
Ah! je vais me fâcher!...

Sensation à sa vue.

Acte I Scènes 2 et 3

SUITE DE L'EXPOSITION ET MOUVEMENT

1. Indiquez comment, dans la scène 2, l'intrigue amoureuse entre Christian et Roxane est mise progressivement en place.

2. Comment Rostand s'y prend-il pour que l'exposition ne soit ni statique ni ennuyeuse ? Relevez ses procédés. Vous noterez notamment, dans la scène 3, la manière de préciser la situation et de préparer les péripéties futures.

3. Montrez comment l'exposition se poursuit en focalisant de plus en plus l'intérêt sur les personnages principaux (sc. 2). À quel type de plan cinématographique cela vous fait-il penser ?

4. Distinguez les mouvements de ces deux scènes (les marquis, l'épisode du tire-laine, les derniers préparatifs, le début de la représentation, le duel vocal entre Montfleury et Cyrano).

5. Essayez de déterminer le ton de la scène 3 : ironique ? satirique ? parodique ? Justifiez par des exemples.

UNE ENTRÉE BIEN PRÉPARÉE

6. En quoi l'évocation fragmentée de Cyrano (v. 96 à 103) insiste-t-elle sur son aspect hétéroclite ? Montrez que ce sont bien ces intérêts très divers qui font l'originalité et la force du personnage. Citez le texte à l'appui de votre réponse.

7. Le portrait dressé par Ragueneau (v. 106 à 119) est-il plutôt sympathique ou négatif ? Notez les qualités fondamentales de Cyrano.

8. Le nez de Cyrano apparaît-il comme une seule exagération physique ? Pourquoi ? Que peut-il représenter dans les domaines psychologique et moral ? Relevez et analysez toutes les métaphores qui désignent l'« extrémité » et l'extrémisme du personnage.

9. Montrez comment l'entrée de Cyrano sur scène a été soigneusement préparée par tout ce qui précède.

LES INDICATIONS SCÉNIQUES

10. Remarquez la précision des indications scéniques. Citez une autre pièce dont la mise en scène a, en grande partie, déjà été fixée par le dramaturge ? Selon vous, ce luxe d'indications risque- t-il d'entraver la liberté du metteur en scène ? Pourquoi ?

LA VÉRITÉ HISTORIQUE

11. Les noms de cabarets cités dans la scène 3 sont, à quelques détails près, authentiques. Ce souci d'exactitude s'explique-t-il simplement par la volonté de reconstituer parfaitement le XVIIe siècle ? Quel(s) souci(s) cela peut-il traduire de la part d'un dramaturge ?

12. Jusqu'à quel point y a-t-il un sens à vérifier l'exactitude d'un drame historique comme *Cyrano* ?

SCÈNE 4. LES MÊMES, CYRANO,
puis BELLEROSE, JODELET.

MONTFLEURY, *aux marquis.*

Venez à mon secours,
Messieurs!

UN MARQUIS, *nonchalamment.*
Mais jouez donc!

CYRANO
Gros homme, si tu joues
Je vais être obligé de te fesser les joues!

Cyrano (Jacques Weber). Mise en scène de Jérôme Savary.
Théâtre Mogador, 1983.

LE MARQUIS

Assez!

CYRANO

Que les marquis se taisent sur leurs bancs,
195 Ou bien je fais tâter ma canne à leurs rubans!

TOUS LES MARQUIS, *debout.*

C'en est trop!... Montfleury...

CYRANO

Que Montfleury s'en aille,
Ou bien je l'essorille[1] et le désentripaille[2]!

UNE VOIX

Mais...

CYRANO

Qu'il sorte!

UNE AUTRE VOIX

Pourtant...

CYRANO

Ce n'est pas encor fait?

Avec le geste de retrousser ses manches.

Bon! je vais sur la scène, en guise de buffet,
200 Découper cette mortadelle d'Italie!

MONTFLEURY, *rassemblant toute sa dignité.*

En m'insultant, Monsieur, vous insultez Thalie[3]!

CYRANO, *très poli.*

Si cette Muse, à qui, Monsieur, vous n'êtes rien,
Avait l'honneur de vous connaître, croyez bien
Qu'en vous voyant si gros et bête comme une urne,
205 Elle vous flanquerait quelque part son cothurne.

---

1. *L'Essorille :* lui coupe les oreilles.
2. *Désentripaille :* enlève (dés-) les tripes ou les entrailles (mot apparemment inventé par Rostand).
3. *Thalie :* muse de la Comédie.

LE PARTERRE

Montfleury! — Montfleury! — La pièce de Baro! —

CYRANO, *à ceux qui crient autour de lui.*

Je vous en prie, ayez pitié de mon fourreau :
Si vous continuez, il va rendre sa lame!
Le cercle s'élargit.

LA FOULE, *reculant.*

Hé! là!...

CYRANO, *à Montfleury.*

Sortez de scène!

LA FOULE, *se rapprochant et grondant.*

Oh! oh!

CYRANO, *se retournant vivement.*

Quelqu'un réclame?

Nouveau recul.

UNE VOIX, *chantant au fond.*

210   Monsieur de Cyrano
Vraiment nous tyrannise,
Malgré ce tyranneau
On jouera *la Clorise.*

TOUTE LA SALLE, *chantant.*

La Clorise! La Clorise!...

CYRANO

215 Si j'entends une fois encor cette chanson,
Je vous assomme tous.

UN BOURGEOIS

Vous n'êtes pas Samson!

CYRANO

Voulez-vous me prêter, Monsieur, votre mâchoire[1]?

---

1. Allusion à Samson qui assomma les Philistins à coups de mâchoire d'âne.

UNE DAME, *dans les loges.*

C'est inouï!

UN SEIGNEUR

C'est scandaleux!

UN BOURGEOIS

C'est vexatoire[1]!

UN PAGE

Ce qu'on s'amuse!

LE PARTERRE

Kss! — Montfleury! — Cyrano!

CYRANO

220 Silence!

LE PARTERRE, *en délire.*

Hi han! Bêê! — Ouah, ouah! — Cocorico!

CYRANO

Je vous...

UN PAGE

Miâou!

CYRANO

Je vous ordonne de vous taire!
Et j'adresse un défi collectif au parterre!
— J'inscris les noms! — Approchez-vous, jeunes héros!
Chacun son tour! — Je vais donner des numéros! —
225 Allons, quel est celui qui veut ouvrir la liste?
Vous, Monsieur? Non! Vous? Non! Le premier duelliste,
Je l'expédie avec les honneurs qu'on lui doit!
— Que tous ceux qui veulent mourir lèvent le doigt.
Silence.
La pudeur vous défend de voir ma lame nue?

---

1. *Vexatoire :* humiliant.

230 Pas un nom? Pas un doigt? — C'est bien. Je continue.
Se retournant vers la scène où Montfleury attend avec angoisse.
Donc, je désire voir le théâtre guéri
De cette fluxion. Sinon...
La main à son épée.

le bistouri!

MONTFLEURY
Je...

CYRANO *descend de sa chaise, s'assied au milieu du rond qui
s'est formé, s'installe comme chez lui.*
Mes mains vont frapper trois claques, pleine lune!
Vous vous éclipserez à la troisième.

LE PARTERRE, *amusé.*
Ah?

CYRANO, *frappant dans ses mains.*
Une!

MONTFLEURY
235 Je...

UNE VOIX, *des loges.*
Restez!

LE PARTERRE
Restera... restera pas...

MONTFLEURY
Je crois,
Messieurs...

CYRANO
Deux!

MONTFLEURY
Je suis sûr qu'il vaudrait mieux que...

CYRANO
Trois!

*Montfleury disparaît comme dans une trappe. Tempête de rires, de
sifflets, de huées.*

57

LA SALLE

Hu! hu!... Lâche!... Reviens!...

CYRANO, épanoui, se renverse sur sa chaise, et croise ses jambes.

Qu'il revienne, s'il l'ose!

UN BOURGEOIS

L'orateur de la troupe[1]!

Bellerose s'avance et salue.

LES LOGES

Ah!... Voilà Bellerose!

BELLEROSE, *avec élégance.*

Nobles seigneurs...

LE PARTERRE

Non! Non! Jodelet!

JODELET *s'avance, et, nasillard.*

Tas de veaux!

LE PARTERRE

240   Ah! Ah! Bravo! très bien! bravo!

JODELET

Pas de bravos!

Le gros tragédien dont vous aimez le ventre

S'est senti...

LE PARTERRE

C'est un lâche!

JODELET

Il dut sortir!

LE PARTERRE

Qu'il rentre!

---

1. *Orateur de la troupe :* acteur chargé de s'adresser au public au début ou à la
fin d'une représentation, pour faire une annonce ou « sermonner » le public.

LES UNS

Non!

LES AUTRES

Si!

UN JEUNE HOMME, *à Cyrano.*
Mais à la fin, Monsieur, quelle raison
Avez-vous de haïr Montfleury?

CYRANO, *gracieux, toujours assis.*
Jeune oison[1],
245 J'ai deux raisons, dont chaque est suffisante seule.
Primo : c'est un acteur déplorable qui gueule,
Et qui soulève, avec des « han! » de porteur d'eau,
Le vers qu'il faut laisser s'envoler! — *Secundo :*
Est mon secret...

LE VIEUX BOURGEOIS, *derrière lui.*
Mais vous nous privez sans scrupule
250 De *la Clorise!* Je m'entête...

CYRANO, *tournant sa chaise vers le bourgeois, respectueusement.*
Vieille mule,
Les vers du vieux Baro valant moins que zéro,
J'interromps sans remords!

LES PRÉCIEUSES, *dans les loges.*
Ha! — ho! — Notre Baro!
Ma chère! — Peut-on dire?... Ah! Dieu!...

CYRANO, *tournant sa chaise vers les loges, galant.*
Belles personnes,
Rayonnez, fleurissez, soyez des échansonnes[2]
255 De rêve, d'un sourire enchantez un trépas,
Inspirez-vous des vers... mais ne les jugez pas!

---

1. *Oison :* du latin *aucio,* petit de l'oie. Au figuré, homme crédule ou borné.
2. Un échanson est un officier chargé de servir à boire au roi ou à quelque grand personnage. Le féminin est parodique.

59

BELLEROSE
Et l'argent qu'il va falloir rendre !

CYRANO, *tournant sa chaise vers la scène.*
Bellerose,
Vous avez dit la seule intelligente chose !
Au manteau de Thespis[1] je ne fais pas de trous :
Il se lève et lançant un sac sur la scène.
260 Attrapez cette bourse au vol, et taisez-vous !

LA SALLE, *éblouie.*
Ah !... Oh !...

JODELET, *ramassant prestement la bourse et la soupesant.*
À ce prix-là, Monsieur, je t'autorise
À venir chaque jour empêcher *la Clorise !...*

LA SALLE
Hu !... Hu !...

JODELET
Dussions-nous même ensemble être hués !...

BELLEROSE
Il faut évacuer la salle !...

JODELET
Évacuez !...

*On commence à sortir, pendant que Cyrano regarde d'un air satisfait.
Mais la foule s'arrête bientôt en entendant la scène suivante, et la sortie
cesse. Les femmes qui, dans les loges, étaient déjà debout, leur manteau
remis, s'arrêtent pour écouter, et finissent par se rasseoir.*

LE BRET, *à Cyrano.*
265 C'est fou !...

---

1. *Thespis :* poète grec du VIᵉ siècle av. J.-C., auquel on attribue l'origine de la
tragédie. Ce fut le premier à opposer un acteur au chœur, et sa tragédie fut l'une
des premières créations du festival des Dionysies en 534.

UN FÂCHEUX, *qui s'est approché de Cyrano.*
Le comédien Montfleury! quel scandale!
Mais il est protégé par le duc de Candale[1]!
Avez-vous un patron[2]?

CYRANO
Non!

LE FÂCHEUX
Vous n'avez pas?...

CYRANO
Non!

LE FÂCHEUX
Quoi, pas un grand seigneur pour couvrir de son nom?...

CYRANO, *agacé.*
Non, ai-je dit deux fois. Faut-il donc que je trisse[3]?
270 Non, pas de protecteur...
La main à son épée.
mais une protectrice!

LE FÂCHEUX
Mais vous allez quitter la ville?

CYRANO
C'est selon.

LE FÂCHEUX
Mais le duc de Candale a le bras long!

CYRANO
Moins long

Que n'est le mien...
Montrant son épée.
Quand je lui mets cette rallonge!

1. *Le duc de Candale :* protecteur du poète Théophile de Viau (1590-1626).
2. *Un patron :* un mécène et un protecteur pour les artistes et les écrivains. Cyrano réaffirme plus loin (II, 8) sa volonté d'indépendance dans la tirade des «Non, merci ».
3. *Trisse :* répète trois fois de suite (sur le modèle de « bisser »).

LE FÂCHEUX
Mais vous ne songez pas à prétendre...

CYRANO

J'y songe.

LE FÂCHEUX

275 Mais...

CYRANO
Tournez les talons, maintenant.

LE FÂCHEUX

Mais...

CYRANO

Tournez!
— Ou dites-moi pourquoi vous regardez mon nez.

LE FÂCHEUX, *ahuri.*

Je...

CYRANO, *marchant sur lui.*
Qu'a-t-il d'étonnant?

LE FÂCHEUX, *reculant.*
Votre Grâce se trompe...

CYRANO
Est-il mol et ballant, monsieur, comme une trompe...

LE FÂCHEUX, *même jeu.*

Je n'ai pas...

CYRANO
Ou crochu comme un bec de hibou?

LE FÂCHEUX

280 Je...

CYRANO
Y distingue-t-on une verrue au bout?

LE FÂCHEUX

Mais...

CYRANO

Ou si quelque mouche, à pas lents, s'y promène?
Qu'a-t-il d'hétéroclite?

LE FÂCHEUX

Oh!...

CYRANO

Est-ce un phénomène?

LE FÂCHEUX

Mais d'y porter les yeux j'avais su me garder !

CYRANO

Et pourquoi, s'il vous plaît, ne pas le regarder?

LE FÂCHEUX

285   J'avais...

CYRANO

Il vous dégoûte alors?

LE FÂCHEUX

Monsieur...

CYRANO

Malsaine

Vous semble sa couleur?

LE FÂCHEUX

Monsieur!

CYRANO

Sa forme, obscène?

LE FÂCHEUX

Mais pas du tout!...

CYRANO

Pourquoi donc prendre un air dénigrant?
— Peut-être que monsieur le trouve un peu trop grand?

LE FÂCHEUX, *balbutiant.*

Je le trouve petit, tout petit, minuscule !

CYRANO

290   Hein? Comment? m'accuser d'un pareil ridicule?
Petit, mon nez? Holà!

63

LE FÂCHEUX
Ciel !

CYRANO
Énorme, mon nez !
— Vil camus, sot camard[1], tête plate, apprenez
Que je m'enorgueillis d'un pareil appendice,
Attendu qu'un grand nez est proprement l'indice
295 D'un homme affable, bon, courtois, spirituel,
Libéral, courageux, tel que je suis, et tel
Qu'il vous est interdit à jamais de vous croire,
Déplorable maraud ! car la face sans gloire
Que va chercher ma main en haut de votre col,
300 Est aussi dénuée...
Il le soufflette.

LE FÂCHEUX
Ay !

CYRANO
De fierté, d'envol,
De lyrisme, de pittoresque, d'étincelle,
De somptuosité, de Nez enfin, que celle...
Il le retourne par les épaules, joignant le geste à la parole.
Que va chercher ma botte au bas de votre dos !

LE FÂCHEUX, *se sauvant.*
Au secours ! À la garde[2] !

CYRANO
Avis donc aux badauds
305 Qui trouveraient plaisant mon milieu de visage,
Et si plaisantin est noble, mon usage

---

1. Un nez « camus » ou « camard » est un nez court et aplati. C'est pour Cyrano l'image même de la mort (« qu'elle ose regarder mon nez, cette camarde », V, 6).
2. Il y avait au XVIIe siècle, dans les théâtres, une garde chargée de faire régner l'ordre souvent perturbé.

Est de lui mettre, avant de le laisser s'enfuir,
Par-devant, et plus haut, du fer, et non du cuir!

    DE GUICHE, *qui est descendu de la scène, avec les marquis.*
Mais, à la fin, il nous ennuie!

      LE VICOMTE DE VALVERT, *haussant les épaules.*
                Il fanfaronne!

              DE GUICHE
310 Personne ne va donc lui répondre?

             LE VICOMTE
                  Personne?...
Attendez! Je vais lui lancer un de ces traits!...
*Il s'avance vers Cyrano qui l'observe, et se campant devant lui d'un air
fat.*
Vous... vous avez un nez... heu... un nez... très grand.

         CYRANO, *gravement.*
                          Très.

         LE VICOMTE, *riant.*
Ha!

         CYRANO, *imperturbable.*
   C'est tout?...

             LE VICOMTE
      Mais...

              CYRANO
        Ah! non! c'est un peu court,
                   [jeune homme!
On pouvait dire... Oh! Dieu!... bien des choses en somme...
315 En variant le ton, — par exemple, tenez :
Agressif : « Moi, monsieur, si j'avais un tel nez,
Il faudrait sur-le-champ que je me l'amputasse! »
Amical : « Mais il doit tremper dans votre tasse!
Pour boire, faites-vous fabriquer un hanap[1]! »

---

1. *Hanap :* grand récipient pour boire, en métal et fermé d'un couvercle.

Le vicomte et Cyrano (Gérard Depardieu)
dans le film de Jean-Paul Rappeneau, 1990.

320 Descriptif : « C'est un roc! c'est un pic! c'est un cap!
Que dis-je, c'est un cap?... C'est une péninsule! »
Curieux : « De quoi sert cette oblongue capsule?
D'écritoire, monsieur, ou de boîte à ciseaux? »
Gracieux : « Aimez-vous à ce point les oiseaux
325 Que paternellement vous vous préoccupâtes
De tendre ce perchoir à leurs petites pattes? »
Truculent : « Çà, monsieur, lorsque vous pétunez[1],
La vapeur du tabac vous sort-elle du nez
Sans qu'un voisin ne crie au feu de cheminée? »
330 Prévenant : « Gardez-vous, votre tête entraînée
Par ce poids, de tomber en avant sur le sol! »
Tendre : « Faites-lui faire un petit parasol

---

1. *Pétunez :* fumez, prisez du tabac.

De peur que sa couleur au soleil ne se fane! »
Pédant : « L'animal seul, monsieur, qu'Aristophane
335 Appelle Hippocampelephantocamélos
Dut avoir sous le front tant de chair sur tant d'os! »
Cavalier : « Quoi, l'ami, ce croc[1] est à la mode?
Pour pendre son chapeau, c'est vraiment très commode! »
Emphatique : « Aucun vent ne peut, nez magistral,
340 T'enrhumer tout entier, excepté le mistral! »
Dramatique : « C'est la mer Rouge quand il saigne! »
Admiratif : « Pour un parfumeur, quelle enseigne! »
Lyrique : « Est-ce une conque, êtes-vous un triton? »
Naïf : « Ce monument, quand le visite-t-on? »
345 Respectueux : « Souffrez, monsieur, qu'on vous salue,
C'est là ce qui s'appelle avoir pignon sur rue! »
Campagnard : « Hé, ardé! C'est-y un nez? Nanain!
C'est queuqu'navet géant ou ben queuqu'melon nain! »
Militaire : « Pointez contre cavalerie! »
350 Pratique : « Voulez-vous le mettre en loterie?
Assurément, monsieur, ce sera le gros lot! »
Enfin, parodiant Pyrame en un sanglot :
« Le voilà donc ce nez qui des traits de son maître
A détruit l'harmonie! Il en rougit, le traître! »
355 — Voilà ce qu'à peu près, mon cher, vous m'auriez dit
Si vous aviez un peu de lettres et d'esprit :
Mais d'esprit, ô le plus lamentable des êtres,
Vous n'en eûtes jamais un atome, et de lettres
Vous n'avez que les trois qui forment le mot : sot!
360 Eussiez-vous eu, d'ailleurs, l'invention qu'il faut
Pour pouvoir là, devant ces nobles galeries,
Me servir toutes ces folles plaisanteries,
Que vous n'en eussiez pas articulé le quart
De la moitié du commencement d'une, car
365 Je me les sers moi-même, avec assez de verve,
Mais je ne permets pas qu'un autre me les serve.

---

1. *Croc :* crochet.

67

DE GUICHE, *voulant emmener le vicomte pétrifié.*
Vicomte, laissez donc!

LE VICOMTE, *suffoqué.*
Ces grands airs arrogants!
Un hobereau qui... qui... n'a même pas de gants!
Et qui sort sans rubans, sans bouffettes[1], sans ganses[2]

CYRANO
370 Moi, c'est moralement que j'ai mes élégances.
Je ne m'attife pas ainsi qu'un freluquet,
Mais je suis plus soigné si je suis moins coquet;
Je ne sortirais pas avec, par négligence,
Un affront pas très bien lavé, la conscience
375 Jaune encor de sommeil dans le coin de son œil,
Un honneur chiffonné, des scrupules en deuil.
Mais je marche sans rien sur moi qui ne reluise,
Empanaché d'indépendance et de franchise[3];
Ce n'est pas une taille avantageuse, c'est
380 Mon âme que je cambre ainsi qu'en un corset,
Et tout couvert d'exploits qu'en rubans je m'attache,
Retroussant mon esprit ainsi qu'une moustache,
Je fais, en traversant les groupes et les ronds,
Sonner les vérités comme des éperons.

LE VICOMTE
385 Mais, monsieur...

CYRANO
Je n'ai pas de gants?... La belle affaire!
Il m'en restait un seul... d'une très vieille paire,
Lequel m'était d'ailleurs encor fort importun :
Je l'ai laissé dans la figure de quelqu'un.

---

1. *Bouffettes :* petites houpes ou nœuds bouffants de rubans, employés comme ornement.
2. *Ganses :* cordonnets ou rubans qui ornent une partie du vêtement.
3. *Empanaché ... franchise :* affichant son indépendance et sa franchise comme un panache.

LE VICOMTE

Maraud, faquin, butor de pied plat ridicule!

CYRANO, *ôtant son chapeau et saluant comme si le vicomte venait de se présenter.*

390 Ah?... Et moi, Cyrano-Savinien-Hercule[1]
De Bergerac.
Rires.

LE VICOMTE, *exaspéré.*

Bouffon!

CYRANO, *poussant un cri comme lorsqu'on est saisi d'une crampe.*

Ay!...

LE VICOMTE, *qui remontait, se retournant.*

Qu'est-ce encor qu'il dit?

CYRANO, *avec des grimaces de douleur.*

Il faut la remuer, car elle s'engourdit...
— Ce que c'est que de la laisser inoccupée! —
Ay!...

LE VICOMTE

Qu'avez-vous?

CYRANO

J'ai des fourmis dans mon épée!

LE VICOMTE, *tirant la sienne.*

395 Soit!

CYRANO

Je vais vous donner un petit coup charmant.

LE VICOMTE, *méprisant.*

Poète!

CYRANO

Oui, monsieur, poète! et tellement,
Qu'en ferraillant je vais — hop! — à l'improvisade,
Vous composer une ballade.

---

1. Ce sont bien les prénoms du Cyrano historique.

LE VICOMTE
Une ballade?

CYRANO
Vous ne vous doutez pas de ce que c'est, je crois?

LE VICOMTE
400 Mais...

CYRANO, *récitant comme une leçon.*
La ballade, donc, se compose de trois
Couplets de huit vers...

LE VICOMTE, *piétinant.*
Oh!

CYRANO, *continuant.*
Et d'un envoi de quatre...

LE VICOMTE
Vous...

CYRANO
Je vais tout ensemble en faire une et me battre,
Et vous toucher, Monsieur, au dernier vers.

LE VICOMTE
Non!

CYRANO
Non?

Déclamant.
« Ballade du duel qu'en l'hôtel bourguignon
405 Monsieur de Bergerac eut avec un bélître[1]! »

LE VICOMTE
Qu'est-ce que c'est que ça, s'il vous plaît?

CYRANO
C'est le titre.

---

1. *Bélître :* homme de rien (insulte).

LA SALLE, *surexcitée au plus haut point.*
Place! — Très amusant! — Rangez-vous! — Pas de bruits!
*Tableau. Cercle de curieux au parterre, les marquis et les officiers mêlés
aux bourgeois et aux gens du peuple; les pages grimpés sur des épaules
pour mieux voir. Toutes les femmes debout dans les loges. À droite, de
Guiche et ses gentilshommes. À gauche, Le Bret, Ragueneau, Cuigy, etc.*

CYRANO, *fermant une seconde les yeux.*
Attendez!... Je choisis mes rimes... Là, j'y suis.
Il fait ce qu'il dit, à mesure.

    Je jette avec grâce mon feutre,
410   Je fais lentement l'abandon
    Du grand manteau qui me calfeutre,
    Et je tire mon espadon[1],
    Élégant comme Céladon[2],
    Agile comme Scaramouche[3],
415   Je vous préviens, cher Myrmidon[4],
    Qu'à la fin de l'envoi je touche!
Premiers engagements de fer.
    Vous auriez bien dû rester neutre;
    Où vais-je vous larder, dindon?...
    Dans le flanc, sous votre maheutre[5]?
420   Au cœur, sous votre bleu cordon?...
    — Les coquilles tintent, ding-don!
    Ma pointe voltige : une mouche!
    Décidément... c'est au bedon
    Qu'à la fin de l'envoi, je touche.

---

1. *Espadon :* longue et large épée à double tranchant maniée à deux mains.
2. *Céladon :* personnage timide et amoureux d'un roman pastoral d'Honoré d'Urfé (1567-1625).
3. *Scaramouche :* acteur du Théâtre-Italien à Paris, au XVIIe siècle.
4. *Myrmidon :* peuple de Grèce, né de fourmis, et dont le nom en est venu à désigner un homme petit et faible.
5. *Maheutre :* coussin rembourrant la manche d'un habit entre l'épaule et le coude.

CYRANO. *Je vous préviens cher Myrmydon,*
Qu'à la fin de l'envoi, je touche.
Gravure d'Adrien Moreau (1843-1906).

425   Il me manque une rime en eutre...
        Vous rompez, plus blanc qu'amidon?
        C'est pour me fournir le mot pleutre[1]!
        Tac! je pare la pointe dont
        Vous espériez me faire don,
430   J'ouvre la ligne, je la bouche,
        Tiens bien ta broche, Laridon[2]!
        À la fin de l'envoi, je touche.

Il annonce solennellement.

ENVOI

        Prince, demande à Dieu pardon!
        Je quarte du pied, j'escarmouche[3],
435   Je coupe, je feinte...

Se fendant.

                        Hé! là, donc!

Le vicomte chancelle; Cyrano salue.

        À la fin de l'envoi, je touche.

Acclamations. Applaudissements dans les loges. Des fleurs et des mouchoirs tombent. Les officiers entourent et félicitent Cyrano. Rague-neau danse d'enthousiasme. Le Bret est heureux et navré. Les amis du vicomte le soutiennent et l'emmènent.

LA FOULE, *en un long cri.*

Ah!

UN CHEVAU-LÉGER

Superbe!

UNE FEMME

        Joli!

RAGUENEAU

        Pharamineux!

---

1. *Pleutre* : lâche et poltron.
2. *Laridon* : nom d'un chien particulièrement déficient dans *l'Éducation*, fable de La Fontaine (VIII, 24).
3. Mot vieilli pour « combattre par escarmouches », à savoir par engagements limités et périodiques.

73

UN MARQUIS

Nouveau!

LE BRET

Insensé!

Bousculade autour de Cyrano. On entend :

... Compliments... félicite... bravo...

VOIX DE FEMME

C'est un héros!...

UN MOUSQUETAIRE, *s'avançant vivement vers Cyrano, la main tendue.*

Monsieur, voulez-vous me permettre?...

440 C'est tout à fait très bien, et je crois m'y connaître;

J'ai du reste exprimé ma joie en trépignant!...

Il s'éloigne.

CYRANO, *à Cuigy.*

Comment s'appelle donc ce monsieur?

CUIGY

D'Artagnan.

LE BRET, *à Cyrano, lui prenant le bras.*

Çà, causons!...

CYRANO

Laisse un peu sortir cette cohue...

À Bellerose.

Je peux rester?

BELLEROSE, *respectueusement.*

Mais oui!

On entend des cris au-dehors.

JODELET, *qui a regardé.*

C'est Montfleury qu'on hue!

BELLEROSE, *solennellement.*

445 Sic transit!...

Changeant de ton, au portier et au moucheur de chandelles.

Balayez. Fermez. N'éteignez pas.

Nous allons revenir, après notre repas,

74

Répéter pour demain une nouvelle farce.
Jodelet et Bellerose sortent, après de grands saluts à Cyrano.

LE PORTIER, *à Cyrano.*

Vous ne dînez donc pas?

CYRANO
Moi? Non.

Le portier se retire.

LE BRET, *à Cyrano.*
Parce que?

CYRANO, *fièrement.*
Parce...
Changeant de ton en voyant que le portier est loin.
Que je n'ai pas d'argent!...

LE BRET, *faisant le geste de lancer son sac.*
Comment! le sac d'écus?...

CYRANO
450 Pension paternelle, en un jour, tu vécus!

LE BRET
Pour vivre tout un mois, alors?...

CYRANO
Rien ne me reste.

LE BRET
Jeter ce sac, quelle sottise!

CYRANO
Mais quel geste!...

LA DISTRIBUTRICE, *toussant derrière son petit comptoir.*
Hum!...
Cyrano et Le Bret se retournent. Elle s'avance intimidée.
Monsieur... vous savoir jeûner... le cœur me fend...
Montrant le buffet.
J'ai là tout ce qu'il faut...
Avec élan.
Prenez!

75

CYRANO, *se découvrant.*

Ma chère enfant,

455 Encor que mon orgueil de Gascon m'interdise
D'accepter de vos doigts la moindre friandise,
J'ai trop peur qu'un refus ne vous soit un chagrin,
Et j'accepterai donc...
Il va au buffet et choisit.

Oh! peu de chose!... un grain
De ce raisin...
Elle veut lui donner la grappe, il cueille un grain.

Un seul!... ce verre d'eau...
Elle veut y verser du vin, il l'arrête.

limpide!

460 Et la moitié d'un macaron!
Il rend l'autre moitié.

LE BRET

Mais c'est stupide!

LA DISTRIBUTRICE

Oh! quelque chose encore!

CYRANO

Oui. La main à baiser.
Il baise, comme la main d'une princesse, la main qu'elle lui tend.

LA DISTRIBUTRICE

Merci, Monsieur.
Révérence.

Bonsoir.

Elle sort.

Acte I Scène 4

L'HÉROÏSME, L'IRONIE, LA PRÉCIOSITÉ

1. Le discours héroïque de Cyrano (v. 221 à 232) n'est évidemment pas exempt d'autoparodie : il rit de l'énormité de ses menaces et du vide de ses opposants. Montrez où paraît cette ironie.

2. Déjà dans la scène 2, Rostand avait insisté sur la présence des précieuses et de la préciosité littéraire en contrepoint de la salle très bigarrée. Ici, un dialogue s'instaure entre Cyrano et les précieuses. Mais s'agit-il vraiment d'un dialogue ? Quel rôle Cyrano est-il prêt à accorder aux précieuses dans la vie et dans la littérature ?
Quelle est pour lui la femme idéale ? Peut-on voir là une attitude misogyne et condescendante envers les femmes d'esprit ? Cyrano serait-il un « macho » ? Justifiez vos réponses.

AUTOPORTRAIT EN FORME DE NEZ (v. 290 à 308)

3. Quelle valeur symbolique Cyrano accorde-t-il à un grand nez ?

4. Quel rapport Cyrano cherche-t-il entre le physique et le moral ?

5. Dans le vers 303, Cyrano reprend une comparaison peu flatteuse entre les fesses et la face. Par de telles outrances, quelles associations et quels paradoxes suggère-t-il ?

LA TIRADE DU NEZ

C'est assurément le passage le plus connu de l'œuvre, mais c'est aussi le point culminant de l'acte, le moment où le héros tient son grand monologue, la « scène à faire » dont rêve tout acteur.

6. Comment se manifestent l'invention verbale et la virtuosité du discours ?

7. Étudiez la progression des tons, de l'agressivité sans nuance à l'allusion poétique à Théophile de Viau dans la parodie du vers dit par Pyrame (« Ah! Voici le poignard qui du sang de son maître / S'est souillé lâchement; il en rougit le traître. », *les Amours tragiques de Pyrame et Thisbé*, 1621).

8. Analysez le choix des commentateurs imaginés par Cyrano et la manière dont il les met en scène. Vous mettrez en rapport leur particularité et la réflexion qui leur est attribuée.

9. Expliquez l'humour de chaque déclaration imagée.

10. Quelles comparaisons vous semblent les plus réussies ? Justifiez votre avis.

11. De l'exorde (entrée en matière) à la fin de la tirade, comment Cyrano finit-il par revenir à son interlocuteur et à la situation conflictuelle ?

LA BALLADE DE CYRANO (v. 409 à 436)

12. Comment Cyrano joint-il l'action à la parole ? Commente-t-il ou annonce-t-il ses gestes ?

13. Comment comprenez-vous le choix du refrain : « À la fin de l'envoi, je touche » ?

14. Montrez que ce texte peut être lu selon une double thématique, selon que sa clé est l'écriture ou l'escrime. Le verbe « toucher » qui réunit les deux fils thématiques vous semble-t-il caractériser l'action de Cyrano sur ces attaquants et sur ses amis ? Justifiez votre réponse.

15. Relevez quelques procédés rhétoriques et poétiques employés par Rostand (comparaisons, métaphores, rejets, oppositions, inversions, gradations...).

SCÈNE 5. CYRANO, LE BRET, *puis* LE PORTIER.

CYRANO, *à Le Bret.*
Je t'écoute causer.
Il s'installe devant le buffet, et rangeant devant lui le macaron.
Dîner!
... *le verre d'eau.*
Boisson!
... *le grain de raisin.*
Dessert!
Il s'assied.

Là, je me mets à table!
— Ah!... j'avais une faim, mon cher, épouvantable!
Mangeant.
465 — Tu disais?

LE BRET
Que ces fats aux grands airs belliqueux
Te fausseront l'esprit si tu n'écoutes qu'eux!...
Va consulter des gens de bon sens, et t'informe
De l'effet qu'a produit ton algarade[1].

CYRANO, *achevant son macaron.*
Énorme.

LE BRET
Le Cardinal...

CYRANO, *s'épanouissant.*
Il était là, le Cardinal?

LE BRET
470 A dû trouver cela...

CYRANO
Mais très original.

---

1. *Algarade :* attaque et sortie brusque contre quelqu'un.

LE BRET

Pourtant...

CYRANO

C'est un auteur. Il ne peut lui déplaire
Que l'on vienne troubler la pièce d'un confrère.[1]

LE BRET

Tu te mets sur les bras, vraiment, trop d'ennemis!

CYRANO, *attaquant son grain de raisin.*

Combien puis-je, à peu près, ce soir, m'en être mis?

LE BRET

475 Quarante-huit. Sans compter les femmes.

CYRANO

Voyons, compte!

LE BRET

Montfleury, le bourgeois, de Guiche, le vicomte,
Baro, l'Académie...

CYRANO

Assez! tu me ravis!

LE BRET

Mais où te mènera la façon dont tu vis?
Quel système est le tien?

CYRANO

J'errais dans un méandre;
480 J'avais trop de partis, trop compliqués, à prendre;
J'ai pris...

---

1. Richelieu était auteur dramatique à ses heures. Il est possible que certains dramaturges aient dû se plier à ses suggestions. Cyrano est évidemment de ceux qu'une telle ingérence révulse. Le vrai Cyrano de Bergerac refusa long-temps d'avoir un patron, mais finit tout de même par travailler pour le duc d'Arpajon, en 1652.

LE BRET

Lequel?

CYRANO

Mais le plus simple, de beaucoup.
J'ai décidé d'être admirable, en tout, pour tout!

LE BRET, *haussant les épaules.*

Soit! — Mais enfin, à moi, le motif de ta haine
Pour Montfleury, le vrai, dis-le-moi!

CYRANO, *se levant.*

Ce Silène[1],

485 Si ventru que son doigt n'atteint pas son nombril,
Pour les femmes encor se croit un doux péril,
Et leur fait, cependant qu'en jouant il bredouille,
Des yeux de carpe avec ses gros yeux de grenouille!
Et je le hais depuis qu'il se permit, un soir,
490 De poser son regard sur celle... Oh! j'ai cru voir
Glisser sur une fleur une longue limace!

LE BRET, *stupéfait.*

Hein? Comment? Serait-il possible?...

CYRANO, *avec un rire amer.*

Que j'aimasse?

Changeant de ton et gravement.
J'aime.

LE BRET

Et peut-on savoir? Tu ne m'as jamais dit?...

CYRANO

Qui j'aime?... Réfléchis, voyons. Il m'interdit
495 Le rêve d'être aimé même par une laide,
Ce nez qui d'un quart d'heure en tous lieux me précède[2];

---

1. *Silène* : génie grec des sources et des fleuves, père nourricier de Dionysos,
réputé pour sa grosseur.
2. Expression que Rostand emprunte à une comédie de Cyrano *(le Pédant
joué)* : « Cet authentique nez arrive partout un quart d'heure devant son maître ».

81

Alors, moi, j'aime qui?... Mais cela va de soi!
J'aime... mais c'est forcé!... la plus belle qui soit!

LE BRET

La plus belle?...

CYRANO

Tout simplement, qui soit au monde!
500 La plus brillante, la plus fine,
Avec accablement.

La plus blonde!

LE BRET

Eh! mon Dieu, quelle est donc cette femme?...

CYRANO

Un danger

Mortel sans le vouloir, exquis sans y songer,
Un piège de nature, une rose muscade[1]
Dans laquelle l'amour se tient en embuscade!
505 Qui connaît son sourire a connu le parfait.
Elle fait de la grâce avec rien, elle fait
Tenir tout le divin dans un geste quelconque,
Et tu ne saurais pas, Vénus, monter en conque,
Ni toi, Diane, marcher dans les grands bois fleuris,
510 Comme elle monte en chaise et marche dans Paris!

LE BRET

Sapristi! je comprends. C'est clair!

CYRANO

C'est diaphane.

LE BRET

Magdeleine Robin, ta cousine?

CYRANO

Oui, — Roxane.

---

1. *Rose muscade :* variété de rose rouge.

LE BRET

Eh bien! mais c'est au mieux! Tu l'aimes? Dis-le-lui!
Tu t'es couvert de gloire à ses yeux aujourd'hui.

CYRANO

515 Regarde-moi, mon cher, et dis quelle espérance
Pourrait bien me laisser cette protubérance!
Oh! je ne me fais pas d'illusion! — Parbleu,
Oui, quelquefois, je m'attendris, dans le soir bleu;
J'entre en quelque jardin où l'heure se parfume;
520 Avec mon pauvre grand diable de nez je hume
L'avril; je suis des yeux, sous un rayon d'argent,
Au bras d'un cavalier, quelque femme, en songeant
Que pour marcher, à petits pas dans de la lune,
Aussi moi j'aimerais au bras en avoir une,
525 Je m'exalte, j'oublie... et j'aperçois soudain
L'ombre de mon profil sur le mur du jardin!

LE BRET, *ému.*

Mon ami!...

CYRANO

Mon ami, j'ai de mauvaises heures!
De me sentir si laid, parfois, tout seul...

LE BRET, *vivement, lui prenant la main.*

Tu pleures?

CYRANO

Ah! non, cela, jamais! Non, ce serait trop laid,
530 Si le long de ce nez une larme coulait!
Je ne laisserai pas, tant que j'en serai maître,
La divine beauté des larmes se commettre
Avec tant de laideur grossière! Vois-tu bien,
Les larmes, il n'est rien de plus sublime, rien,
535 Et je ne voudrais pas qu'excitant la risée,
Une seule, par moi, fût ridiculisée!...

LE BRET

Va, ne t'attriste pas! L'amour n'est que hasard!

83

CYRANO, *secouant la tête.*
Non! J'aime Cléopâtre : ai-je l'air d'un César?
J'adore Bérénice : ai-je l'aspect d'un Tite?

LE BRET
540 Mais ton courage! ton esprit! — Cette petite
Qui t'offrait là, tantôt, ce modeste repas,
Ses yeux, tu l'as bien vu, ne te détestaient pas!

CYRANO, *saisi.*

C'est vrai!

LE BRET
Eh bien! alors?... Mais Roxane, elle-même,
Toute blême a suivi ton duel!...

CYRANO
Toute blême ?

LE BRET
545 Son cœur et son esprit déjà sont étonnés!
Ose et lui parle, afin...

CYRANO
Qu'elle me rie au nez?
Non! — C'est la seule chose au monde que je craigne!

LE PORTIER, *introduisant quelqu'un, à Cyrano.*
Monsieur, on vous demande...

CYRANO, *voyant la duègne.*
Ah! mon Dieu! Sa duègne!

SCÈNE 6.   CYRANO, LE BRET, LA DUÈGNE.

LA DUÈGNE, *avec un grand salut.*
De son vaillant cousin on désire savoir
550 Où l'on peut, en secret, le voir.

CYRANO, *bouleversé.*
Me voir?

LA DUÈGNE, *avec une révérence.*

Vous voir.

— On a des choses à vous dire.

CYRANO

Des?...

LA DUÈGNE, *nouvelle révérence.*

Des choses!

CYRANO, *chancelant.*

Ah! mon Dieu!

LA DUÈGNE

L'on ira, demain, aux primes roses
D'aurore, — ouïr la messe à Saint-Roch.

CYRANO, *se soutenant sur Le Bret.*

Ah! mon Dieu!

LA DUÈGNE

En sortant, où peut-on entrer, causer un peu?

CYRANO, *affolé.*

555 Où?... Je... mais... Ah! mon Dieu!...

LA DUÈGNE

Dites vite.

CYRANO

Je cherche!

LA DUÈGNE

Où?...

CYRANO

Chez... chez... Ragueneau... le pâtissier...

LA DUÈGNE

Il perche[1]?

---

1. *Perche :* demeure (familier).

CYRANO
Dans la rue — ah! mon Dieu, mon Dieu! — Saint-Honoré!

LA DUÈGNE, *remontant.*
On ira. Soyez-y. Sept heures.

CYRANO
J'y serai.

La duègne sort.

SCÈNE 7.   CYRANO, LE BRET, *puis*
LES COMÉDIENS, LES COMÉDIENNES, CUIGY,
BRISSAILLE, LIGNIÈRE, LE PORTIER, LES VIOLONS.

CYRANO, *tombant dans les bras de Le Bret.*
Moi!... D'elle!... Un rendez-vous!...

LE BRET
Eh bien, tu n'es plus triste?

CYRANO
560 Ah! pour quoi que ce soit, elle sait que j'existe!

LE BRET
Maintenant, tu vas être calme?

CYRANO, *hors de lui.*
Maintenant...
Mais je vais être frénétique et fulminant!
Il me faut une armée entière à déconfire!
J'ai dix cœurs; j'ai vingt bras; il ne peut me suffire
565 De pourfendre des nains...
Il crie à tue-tête.

Il me faut des géants!
*Depuis un moment, sur la scène, au fond, des ombres de comédiens et de
comédiennes s'agitent, chuchotent : on commence à répéter. Les violons
ont repris leur place.*

UNE VOIX, *de la scène.*
Hé! pst! là-bas! Silence! on répète céans!

86

CYRANO, *riant.*

Nous partons!
Il remonte; par la grande porte du fond entrent Cuigy, Brissaille,
plusieurs officiers qui soutiennent Lignière complètement ivre.

CUIGY

Cyrano!

CYRANO

Qu'est-ce?

CUIGY

Une énorme grive

Qu'on t'apporte!

CYRANO, *le reconnaissant.*

Lignière!... Hé, qu'est-ce qui t'arrive?

CUIGY

Il te cherche!

BRISSAILLE

Il ne peut rentrer chez lui!

CYRANO

Pourquoi?

LIGNIÈRE, *d'une voix pâteuse, lui montrant un billet tout chiffonné.*
570 Ce billet m'avertit... cent hommes contre moi...
À cause de... chanson... grand danger me menace...
Porte de Nesle... Il faut, pour rentrer, que j'y passe...
Permets-moi donc d'aller coucher sous... sous ton toit!

CYRANO

Cent hommes, m'as-tu dit? Tu coucheras chez toi!

LIGNIÈRE, *épouvanté.*

575 Mais...

CYRANO, *d'une voix terrible, lui montrant la lanterne allumée*
que le portier balance en écoutant curieusement cette scène.
Prends cette lanterne!...
Lignière saisit précipitamment la lanterne.

Et marche! — Je te jure

87

Que c'est moi qui ferai ce soir ta couverture !
Aux officiers.
Vous, suivez à distance, et vous serez témoins !

CUIGY

Mais cent hommes !...

CYRANO

Ce soir, il ne m'en faut pas moins !
Les comédiens et les comédiennes, descendus de scène, se sont rapprochés dans leurs divers costumes.

LE BRET

Mais pourquoi protéger...

CYRANO

Voilà Le Bret qui grogne !

LE BRET

580 Cet ivrogne banal ?...

CYRANO, *frappant sur l'épaule de Lignière.*
Parce que cet ivrogne,
Ce tonneau de muscat, ce fût de rossoli[1],
Fit quelque chose un jour de tout à fait joli :
Au sortir d'une messe ayant, selon le rite,
Vu celle qu'il aimait prendre de l'eau bénite,
585 Lui que l'eau fait sauver, courut au bénitier,
Se pencha sur sa conque et le but tout entier[2] !...

UNE COMÉDIENNE, *en costume de soubrette.*
Tiens ! c'est gentil, cela !

CYRANO

N'est-ce pas, la soubrette ?

---

1. *Rossoli :* liqueur.
2. Cette anecdote est authentique. Le poète satirique Lignières (v. 1626-1704) aurait, d'après le récit de Charpentier dans la *Carpentariana* (1724), bu l'eau d'un bénitier : « La meilleure action que Lignières eût faite en sa vie, était d'avoir bu toute l'eau d'un bénitier parce qu'une de ses maîtresses y avait trempé le bout du doigt. »

LA COMÉDIENNE, *aux autres.*
Mais pourquoi sont-ils cent contre un pauvre poète?

CYRANO

Marchons!
Aux officiers.

                    Et vous, messieurs, en me voyant charger,
590 Ne me secondez pas, quel que soit le danger!

UNE AUTRE COMÉDIENNE, *sautant de la scène.*
Oh! mais, moi, je vais voir!

CYRANO
                    Venez!

UNE AUTRE, *sautant aussi, à un vieux comédien.*
                    Viens-tu, Cassandre[1]?...

CYRANO
Venez tous, le Docteur, Isabelle, Léandre[2],
Tous! Car vous allez joindre, essaim charmant et fol,
La farce italienne à ce drame espagnol,
595 Et, sur son ronflement tintant un bruit fantasque,
L'entourer de grelots comme un tambour de basque!

TOUTES LES FEMMES, *sautant de joie.*
Bravo! — Vite, une mante! — Un capuchon!

JODELET
                    Allons!

CYRANO, *aux violons.*
Vous nous jouerez un air, messieurs les violons!
Les violons se joignent au cortège qui se forme. On s'empare des

---

1. *Cassandre* : fille de Priam et d'Hécube, elle avait le don de prédire l'avenir. Bien que, d'après l'indication scénique, l'autre comédienne s'adresse « à un vieux comédien », on peut penser que cette réplique répond ironiquement, et comme en écho, à celle de la première comédienne qui « va voir ».
2. *Docteur ... Léandre* : noms de personnages de la commedia dell'arte, lesquels étaient joués par des acteurs italiens, à Paris, dès le début du XVIIe siècle.

chandelles allumées de la rampe et on se les distribue. Cela devient une
retraite aux flambeaux.
Bravo! des officiers, des femmes en costume,
600 Et, vingt pas en avant...
Il se place comme il dit.

                          Moi, tout seul, sous la plume
Que la gloire elle-même à ce feutre piqua,
Fier comme un Scipion triplement Nasica[1]!
C'est compris? Défendu de me prêter main-forte!
On y est?... Un, deux, trois! Portier, ouvre la porte.
Le portier ouvre à deux battants. Un coin du vieux Paris pittoresque et
lunaire paraît.
605 Ah!... Paris fuit, nocturne et quasi nébuleux;
Le clair de lune coule aux pentes des toits bleus;
Un cadre se prépare, exquis, pour cette scène;
Là-bas, sous des vapeurs en écharpe, la Seine,
Comme un mystérieux et magique miroir,
610 Tremble... Et vous allez voir ce que vous allez voir!

                    TOUS
À la porte de Nesle!

              CYRANO, *debout sur le seuil.*
            À la porte de Nesle!
Se retournant avant de sortir, à la soubrette.
Ne demandiez-vous pas pourquoi, mademoiselle,
Contre ce seul rimeur cent hommes furent mis?
Il tire l'épée et, tranquillement.
C'est parce qu'on savait qu'il est de mes amis!
Il sort. Le cortège — Lignière zigzaguant en tête, — puis les comédiennes
aux bras des officiers, — puis les comédiens gambadant, — se met en
marche dans la nuit au son des violons, et à la lueur falote des chandelles.

                    RIDEAU

---

1. *Nasica* : sobriquet (« qui a le nez mince ») de la famille romaine Scipion qui
s'illustra, au IIe siècle avant J.-C., dans des guerres en Espagne et en Afrique.

Acte I Scènes 5 à 7

PORTRAIT DE ROXANE PAR CYRANO (v. 500 à 510)

1. À quoi tient le lyrisme de cette description ? S'agit-il, à votre avis, d'une écriture précieuse (abus de métaphores, d'adverbes de manière...) ? Pourquoi ?

2. Le style de ce passage diffère-t-il de celui des tirades héroïques de Cyrano ? Comparez l'exagération lyrique (ici) et la fanfaronnade héroïque (précédemment).

LA « MISE À NU » DE CYRANO

3. Quelle(s) différence(s) notez-vous entre la scène 5 et les précédentes ? Citez le texte à l'appui de votre réponse.

4. Qu'avez-vous appris de nouveau sur Cyrano ?

5. Comparez le rôle et le personnage de Le Bret avec ceux d'un confident de tragédie classique. Quelles sont leurs similitudes et leurs dissemblances ?

LE COMIQUE ET L'HÉROÏQUE

La farce italienne s'inspire de la commedia dell'arte ; le drame espagnol, en revanche, se rattache davantage aux comédies ou aux tragédies d'auteurs comme Lope de Vega (1562-1635) ou Tirso de Molina (1583-1648).

6. En quoi Rostand s'inspire-t-il de ces deux sources et comment essaie-t-il une synthèse entre la vivacité de la farce et « l'héroïque » du drame ?

7. À ce stade de la lecture, avez-vous l'impression qu'il a su créer un genre nouveau ?

8. Les vers 593 à 596 vous semblent-ils une réflexion de Rostand sur sa propre dramaturgie ? Justifiez votre réponse.

Ensemble de l'acte I

1. Quelle scène est le sommet de l'acte ? Dans celle-ci, indiquez les changements de rythme.

2. Pourquoi peut-on dire que l'acte I est un acte d'exposition en action ?

3. Quelle vous semble être la fonction de la scène 6 ? Pourquoi cette scène est-elle importante ?

4. La scène 7 reprend la plupart des thèmes et actions ébauchés dans l'acte. Faites-en l'inventaire.

5. Essayez de traduire par une courbe le mouvement de cet acte : moments forts, périodes statiques. Parallèlement, faites le rapport entre les scènes de foule et les moments de conversation intime. Que constatez-vous ?

6. La fresque sociale mise en mouvement dans ce premier acte correspond-elle à ce que vous savez du Grand Siècle ?

Acte II

La rôtisserie des poètes

La boutique de Ragueneau[1], rôtisseur-pâtissier, vaste ouvroir au coin de la rue Saint-Honoré et de la rue de l'Arbre-Sec, qu'on aperçoit largement au fond, par le vitrage de la porte, grises dans les premières lueurs de l'aube.

À gauche, premier plan, comptoir surmonté d'un dais en fer forgé, auquel sont accrochés des oies, des canards, des paons blancs. Dans de grands vases de faïence, de hauts bouquets de fleurs naïves, principalement des tournesols jaunes. Du même côté, second plan, immense cheminée devant laquelle, entre de monstrueux chenets, dont chacun supporte une petite marmite, les rôtis pleurent dans les lèchefrites[2].

À droite, premier plan avec porte. Deuxième plan, un escalier montant à une petite salle en soupente, dont on aperçoit l'intérieur par des volets ouverts; une table y est dressée, un menu lustre flamand y luit : c'est un réduit où l'on va manger et boire. Une galerie de bois, faisant suite à l'escalier, semble mener à d'autres petites salles analogues.

Au milieu de la rôtisserie, un cercle de fer que l'on peut faire descendre avec une corde, et auquel de grosses pièces sont accrochées, fait un lustre de gibier.

Les fours, dans l'ombre, sous l'escalier, rougeoient. Des cuivres étincellent. Des broches tournent. Des pièces montées pyramident, des jambons pendent. C'est le coup de feu matinal. Bousculade de marmitons[3] effarés, d'énormes cuisiniers et de minuscules gâte-sauce, foisonnement de bonnets à plume de poulet ou à aile de pintade. On

---

1. Cette pâtisserie a réellement existé. Rostand en montre à la fois la boutique et la cuisine, les coulisses et la scène.
2. *Lèchefrites* : ustensiles servant à recueillir la graisse coulant d'une viande en train de rôtir.
3. *Marmitons* : aide-cuisiniers.

apporte, sur des plaques de tôle et des clayons[1] d'osier, des quinconces de brioches, des villages de petits fours.
Des tables sont couvertes de gâteaux et de plats. D'autres, entourées de chaises, attendent les mangeurs et les buveurs. Une plus petite, dans un coin, disparaît sous les papiers. Ragueneau y est assis au lever du rideau; il écrit.

SCÈNE PREMIÈRE. RAGUENEAU, PÂTISSIERS, *puis* LISE; RAGUENEAU, *à la petite table, écrivant d'un air inspiré, et comptant sur ses doigts.*

PREMIER PÂTISSIER, *apportant une pièce montée.*
615 Fruits en nougat!
DEUXIÈME PÂTISSIER, *apportant un plat.*
Flan!
TROISIÈME PÂTISSIER, *apportant un rôti paré de plumes.*
Paon!
QUATRIÈME PÂTISSIER, *apportant une plaque de gâteaux.*
Roinsoles!
CINQUIÈME PÂTISSIER, *apportant une sorte de terrine.*
Bœuf en daube!
RAGUENEAU, *cessant d'écrire et levant la tête.*
Sur les cuivres, déjà, glisse l'argent de l'aube!
Étouffe en toi le dieu qui chante, Ragueneau!
L'heure du luth viendra, — c'est l'heure du fourneau!
Il se lève. — À un cuisinier.
Vous, veuillez m'allonger cette sauce, elle est courte!

---

1. *Clayons* : petites claies faites d'un treillage en bois ou en fer.

LE CUISINIER

620 De combien?

RAGUENEAU

De trois pieds.

LE CUISINIER

Hein?

PREMIER PÂTISSIER

La tarte!

DEUXIÈME PÂTISSIER

La tourte!

RAGUENEAU, *devant la cheminée.*

Ma Muse, éloigne-toi, pour que tes yeux charmants
N'aillent pas se rougir au feu de ces sarments!
À un pâtissier, lui montrant des pains.
Vous avez mal placé la fente de ces miches :
Au milieu la césure, — entre les hémistiches!
À un autre, lui montrant un pâté inachevé.
625 À ce palais de croûte, il faut, vous, mettre un toit...
À un jeune apprenti, qui, assis par terre, embroche des volailles.
Et toi, sur cette broche interminable, toi,
Le modeste poulet et la dinde superbe,
Alterne-les, mon fils, comme le vieux Malherbe[1]
Alternait les grands vers avec les plus petits,
630 Et fais tourner au feu des strophes de rôtis!

UN AUTRE APPRENTI, *s'avançant avec un plateau
recouvert d'une assiette.*

Maître, en pensant à vous, dans le four, j'ai fait cuire
Ceci, qui vous plaira, je l'espère.
Il découvre le plateau, on voit une grande lyre de pâtisserie.

RAGUENEAU, *ébloui.*

Une lyre!

---

1. *Malherbe :* poète français (1555-1628) qui influença le classicisme.

L'APPRENTI

En pâte de brioche.

RAGUENEAU, *ému.*
Avec des fruits confits!

L'APPRENTI

Et les cordes, voyez, en sucre je les fis.

RAGUENEAU, *lui donnant de l'argent.*
635 Va boire à ma santé!
Apercevant Lise qui entre.
Chut! ma femme! Circule,
Et cache cet argent!
À Lise, lui montrant la lyre d'un air gêné.
C'est beau?

LISE
C'est ridicule!
Elle pose sur le comptoir une pile de sacs en papier.

RAGUENEAU

Des sacs?... Bon. Merci.
Il les regarde.
Ciel! Mes livres vénérés!
Les vers de mes amis! déchirés! démembrés!
Pour en faire des sacs à mettre des croquantes[1]!
640 Ah! vous renouvelez Orphée et les bacchantes[2]!

LISE, *sèchement.*
Eh! n'ai-je pas le droit d'utiliser vraiment

---

1. *Croquantes* : gâteaux à la pâte d'amande.
2. Orphée fut dévoré par les Bacchantes, les prêtresses du dieu Bacchus. Ragueneau compare Lise à une telle Bacchante, alors que les poètes « mis en pièce » sont, comme Orphée, poète et musicien, déchirés par une main furieuse.

Ce que laissent ici, pour unique paiement,
Vos méchants écriveurs de lignes inégales[1]!

RAGUENEAU

Fourmi!... n'insulte pas ces divines cigales!

LISE

645 Avant de fréquenter ces gens-là, mon ami,
Vous ne m'appeliez pas bacchante, — ni fourmi!

RAGUENEAU

Avec des vers, faire cela!

LISE

Pas autre chose.

RAGUENEAU

Que faites-vous alors, madame, avec la prose[2]?

SCÈNE 2.   LES MÊMES, DEUX ENFANTS,
qui viennent d'entrer dans la pâtisserie.

RAGUENEAU

Vous désirez, petits?

PREMIER ENFANT

Trois pâtés.

---

1. Rostand s'inspire ici d'un roman du vrai Cyrano de Bergerac, *l'Autre Monde
ou les États et Empires de la Lune*, où l'on paie son écot en poèmes : « Les
taverniers sont donc curieux en rime ? — C'est, me respondit-il, la monnoye du
pays, et la despence que nous venons de faire céans s'est trouvée monter à un
sixain que luy viens de donner. »
2. Au XVIIe siècle, et peut-être encore à présent, les vers sont supérieurs à la
prose, à laquelle Lise ferait, selon Ragueneau, volontiers subir les derniers
outrages.

RAGUENEAU, *les servant.*

Là, bien roux...

650 Et bien chauds.

DEUXIÈME ENFANT

S'il vous plaît, enveloppez-les-nous?

RAGUENEAU, *saisi, à part.*

Hélas! un de mes sacs!

Aux enfants.

Que je les enveloppe?...

Il prend un sac et, au moment d'y mettre les pâtés, il lit.

« Tel Ulysse, le jour qu'il quitta Pénélope... »

Pas celui-ci!...

Il le met de côté et en prend un autre. Au moment d'y mettre les pâtés, il lit.

« Le blond Phœbus... » Pas celui-là!

Même jeu.

LISE, *impatientée.*

Eh bien, qu'attendez-vous?

RAGUENEAU

Voilà, voilà, voilà!

Il en prend un troisième et se résigne.

655 Le sonnet à Philis[1]!... mais c'est dur tout de même!

LISE

C'est heureux qu'il se soit décidé.

Haussant les épaules.

Nicodème[2]!

Elle monte sur une chaise et se met à ranger des plats sur une crédence.

---

1. Titre tout à fait typique de la poésie précieuse.
2. *Nicodème :* nom désignant un personnage niais.

RAGUENEAU, *profitant de ce qu'elle tourne le dos, rappelle les enfants déjà à la porte.*
Pst!... Petits!... Rendez-moi le sonnet à Philis,
Au lieu de trois pâtés, je vous en donne six.
Les enfants lui rendent le sac, prennent vivement les gâteaux et sortent.
Ragueneau, défripant le papier, se met à lire en déclamant.
« Philis!... » Sur ce doux nom, une tache de beurre!...
660 « Philis!... »
Cyrano entre brusquement.

99

Acte II Scènes 1 et 2

CHANGEMENT DE DÉCOR

1. Pourquoi la description de la rôtisserie est-elle si précise dans la longue didascalie du début d'acte ? Tous ces détails sont-ils indispensables ? Que laissent-ils supposer des conceptions de Rostand en matière de mise en scène ? D'après vous, les metteurs en scène doivent-ils nécessairement les respecter ? Justifiez votre réponse.

2. En analysant la composition rhétorique de cette présentation, vous montrerez comment un décor est planté et une nouvelle action engagée.

3. Caractérisez brièvement la rôtisserie.

4. Comment un décorateur pourrait-il figurer ce lieu ?

UN MÉCÈNE CULINAIRE

Le spectateur connaissait déjà la double vie de Ragueneau ; les scènes 1 et 2 le montrent maintenant en action.

5. Quels arts désignent les deux métonymies (voir p. 347) du luth et du fourneau (v. 618) ?

6. Relevez quelques-unes des « confusions » de Ragueneau et montrez que l'originalité et le comique de la situation résident dans le mélange des genres.

7. Vous analyserez ici, et tout au long de la pièce, la valeur symbolique de la nourriture.

8. Ragueneau, personnage important de la comédie, semble davantage apprécié par Rostand pour son humanité que pour sa poésie, en vertu du « mécénat culinaire » qu'il exerce envers les poètes faméliques. Vous montrerez que Ragueneau, principe de vie, incarnation de l'amour du prochain, dont l'attitude idéaliste et peu commerçante le mène à la ruine, est aussi le double de Cyrano.

100

SCÈNE 3. RAGUENEAU, LISE, CYRANO,
puis LE MOUSQUETAIRE.

CYRANO

Quelle heure est-il?

RAGUENEAU, *le saluant avec empressement.*
Six heures.

CYRANO, *avec émotion.*

Dans une heure!

Il va et vient dans la boutique...

RAGUENEAU, *le suivant.*

Bravo! J'ai vu...

CYRANO

Quoi donc?

RAGUENEAU
Votre combat!...

CYRANO

Lequel?

RAGUENEAU

Celui de l'hôtel de Bourgogne!

CYRANO, *avec dédain.*
Ah!... Le duel!...

RAGUENEAU, *admiratif.*

Oui, le duel en vers!...

LISE
Il en a plein la bouche!

CYRANO

Allons! tant mieux!

RAGUENEAU, *se fendant avec une broche qu'il a saisie.*
« À la fin de l'envoi, je touche!...
665 À la fin de l'envoi, je touche!... » Que c'est beau!
Avec un enthousiasme croissant.
« À la fin de l'envoi... »

101

CYRANO

Quelle heure, Ragueneau?

RAGUENEAU, *restant fendu pour regarder l'horloge.*
Six heures cinq!... « ... je touche! »
Il se relève.

Oh! faire une ballade!

LISE, *à Cyrano, qui en passant devant son comptoir*
lui a serré distraitement la main.
Qu'avez-vous à la main?

CYRANO

Rien. Une estafilade.

RAGUENEAU

Courûtes-vous quelque péril?

CYRANO

Aucun péril.

LISE, *le menaçant du doigt.*
670   Je crois que vous mentez!

CYRANO

Mon nez remuerait-il?
Il faudrait que ce fût pour un mensonge énorme!
Changeant de ton.
J'attends ici quelqu'un. Si ce n'est pas sous l'orme[1],
Vous nous laisserez seuls.

RAGUENEAU

C'est que je ne peux pas;
Mes rimeurs vont venir...

---

1. Allusion à une expression en cours au XVIIe siècle : « Attendez-moi sous
l'orme ! » et qui est utilisée pour donner un rendez-vous sans avoir l'intention de
s'y rendre. (Nous dirions aujourd'hui familièrement : « poser un lapin ».)

LISE, *ironique.*

Pour leur premier repas!

CYRANO

675 Tu les éloigneras quand je te ferai signe.
L'heure?

RAGUENEAU

Six heures dix.

CYRANO, *s'asseyant nerveusement à la table de Ragueneau
et prenant du papier.*

Une plume?...

RAGUENEAU, *lui offrant celle qu'il a à son oreille.*

De cygne.

UN MOUSQUETAIRE, *superbement moustachu, entre et d'une voix
de stentor.*

Salut!

Lise remonte vivement vers lui.

CYRANO, *se retournant.*

Qu'est-ce?

RAGUENEAU

Un ami de ma femme. Un guerrier
Terrible, à ce qu'il dit!...

CYRANO, *reprenant la plume et éloignant du geste Ragueneau.*

Chut!...

À lui-même.

Écrire, plier. —
Lui donner, — me sauver...

Jetant la plume.

Lâche!... Mais que je meure,
680 Si j'ose lui parler, lui dire un seul mot...

À Ragueneau.

L'heure?

RAGUENEAU

Six et quart!...

103

Cyrano (Jean-Paul Belmondo).
Mise en scène de Robert Hossein.
Théâtre Marigny, 1990.

104

CYRANO, *frappant sa poitrine.*
...un seul mot de tous ceux que j'ai là!
Tandis qu'en écrivant...
Il reprend la plume.

Eh bien! écrivons-la,
Cette lettre d'amour qu'en moi-même j'ai faite
Et refaite cent fois, de sorte qu'elle est prête,
685 Et que mettant mon âme à côté du papier,
Je n'ai tout simplement qu'à la recopier.

Il écrit. — Derrière le vitrage de la porte on voit s'agiter des silhouettes maigres et hésitantes.

105

Acte II Scène 3

RÉMINISCENCES ET PARODIE

1. Montrez comment chacun se souvient d'un aspect différent des événements de la nuit passée (v. 661 à 666).

2. Lise file-t-elle aussi la métaphore poésie / nourriture ou bien est-ce ironie de sa part (v. 663) ? Quel éclairage est donné à ce personnage ?

3. En quoi la reprise parodique du duel par Ragueneau, une broche à la main, est-elle un procédé typique du « grotesque » (voir p. 347) ? Montrez que l'on trouve souvent dans la pièce une action et sa parodie. Expliquez ce mécanisme.

LE TEMPS AU THÉÂTRE

4. L'impatience de Cyrano avant sa rencontre avec Roxane est compréhensible. En demandant l'heure par trois fois et à cinq minutes d'intervalle, il pourrait faire référence au temps objectif, celui du spectateur ou d'une pendule mise sur la scène. Qu'en est-il en réalité ? Quelle est la nature du temps au théâtre ? Quelles temporalités coexistent ?

5. En quoi l'événement, dans tout spectacle, abolit-il la temporalité de la vie réelle ?

CYRANO, LA PAROLE ET L'ÉCRITURE (v. 679 à 686)

6. Montrez que la parole est parfois impossible pour Cyrano, alors qu'il peut, à d'autres occasions, n'en plus finir de fanfaronner.

7. À la lecture de cette scène, peut-on penser que la pièce est à la fois une comédie et une tragédie de la parole ?

8. Qu'est-ce qui différencie, selon vous, un aveu verbal d'un aveu rédigé ?

9. Quelle idée Cyrano se fait-il de la poésie, de l'écriture et de l'amour ? Justifiez votre opinion à partir du texte.

10. Analysez l'image de l'« âme à côté du papier » (v. 685) et, plus généralement, l'ironie de Cyrano.

SCÈNE 4. RAGUENEAU, LISE,
LE MOUSQUETAIRE, CYRANO, *à la petite table, écrivant;*
LES POÈTES, *vêtus de noir, les bas tombants, couverts de boue.*

LISE, *entrant, à Ragueneau.*

Les voici, vos crottés!

PREMIER POÈTE, *entrant, à Ragueneau.*
Confrère!...

DEUXIÈME POÈTE, *de même, lui secouant les mains.*
Cher confrère!

TROISIÈME POÈTE

Aigle des pâtissiers!
Il renifle.
Ça sent bon dans votre aire.

QUATRIÈME POÈTE

Ô Phœbus-Rôtisseur[1]!

CINQUIÈME POÈTE
Apollon maître queux[2]!

RAGUENEAU, *entouré, embrassé, secoué.*

690 Comme on est tout de suite à son aise avec eux!

PREMIER POÈTE

Nous fûmes retardés par la foule attroupée
À la porte de Nesle...

DEUXIÈME POÈTE
Ouverts à coups d'épée,
Huit malandrins sanglants illustraient les pavés!

CYRANO, *levant une seconde la tête.*

Huit?... Tiens, je croyais sept.
Il reprend sa lettre.

---

1. *Phœbus :* dieu du Soleil.
2. *Apollon :* dieu des Arts auquel est comparé ici le cuisinier Ragueneau.

Rageneau (Philippe Volter) entouré des poètes
dans le film de Jean-Paul Rappeneau, 1990.

RAGUENEAU, *à Cyrano.*

Est-ce que vous savez

695 Le héros du combat?

CYRANO, *négligemment.*

Moi?... Non!

LISE, *au mousquetaire.*

Et vous?

LE MOUSQUETAIRE, *se frisant la moustache.*

Peut-être!

CYRANO, *écrivant à part, — on l'entend murmurer de temps en
temps.*

Je vous aime...

PREMIER POÈTE

Un seul homme, assurait-on, sut mettre
Toute une bande en fuite!...

108

DEUXIÈME POÈTE
Oh! c'était curieux!
Des piques, des bâtons jonchaient le sol!...

CYRANO, *écrivant.*
... Vos yeux...

TROISIÈME POÈTE
On trouvait des chapeaux jusqu'au quai des Orfèvres!

PREMIER POÈTE
700 Sapristi! ce dut être un féroce...

CYRANO, *même jeu.*
...vos lèvres...

PREMIER POÈTE
Un terrible géant, l'auteur de ces exploits!

CYRANO, *même jeu.*
... Et je m'évanouis de peur quand je vous vois.

DEUXIÈME POÈTE, *happant un gâteau.*
Qu'as-tu rimé de neuf, Ragueneau?

CYRANO
qui vous aime...
Il s'arrête au moment de signer, et se lève, mettant sa lettre dans son pourpoint.
Pas besoin de signer. Je la donne moi-même.

RAGUENEAU, *au deuxième poète.*
705 J'ai mis une recette en vers.

TROISIÈME POÈTE, *s'installant près d'un plateau de choux à la crème.*
Oyons ces vers!

QUATRIÈME POÈTE, *regardant une brioche qu'il a prise.*
Cette brioche a mis son bonnet de travers.
Il la décoiffe d'un coup de dent.

PREMIER POÈTE
Ce pain d'épice suit le rimeur famélique,
De ses yeux en amande aux sourcils d'angélique!
Il happe le morceau de pain d'épice.

109

DEUXIÈME POÈTE

Nous écoutons.

TROISIÈME POÈTE, *serrant légèrement un chou entre ses doigts.*
Le chou bave sa crème. Il rit.

DEUXIÈME POÈTE, *mordant à même la grande lyre de pâtisserie.*
710 Pour la première fois la Lyre me nourrit!

RAGUENEAU, *qui s'est préparé à réciter, qui a toussé,*
assuré son bonnet, pris une pose.
Une recette en vers...

DEUXIÈME POÈTE, *au premier, lui donnant un coup de coude.*
Tu déjeunes?

PREMIER POÈTE, *au deuxième.*
Tu dînes?

RAGUENEAU

Comment on fait les tartelettes amandines.
Battez, pour qu'ils soient mousseux,
Quelques œufs;
Incorporez à leur mousse
715 Un jus de cédrat[1] choisi;
Versez-y
Un bon lait d'amande douce;
Mettez de la pâte à flan
Dans le flanc
720 De moules à tartelette;
D'un doigt preste, abricotez
Les côtés;
Versez goutte à gouttelette
Votre mousse en ces puits, puis
725 Que ces puits
Passent au four, et, blondines,
Sortant en gais troupelets,
Ce sont les
Tartelettes amandines!

---

1. *Cédrat :* fruit du cédratier, espèce de citronnier.

LES POÈTES, *la bouche pleine.*

730 Exquis! Délicieux!

UN POÈTE, *s'étouffant.*

Homph!

Ils remontent vers le fond, en mangeant. Cyrano, qui a observé, s'avance vers Ragueneau.

CYRANO

Bercés par ta voix,
Ne vois-tu pas comme ils s'empiffrent?

RAGUENEAU, *plus bas, avec un sourire.*

Je le vois...
Sans regarder, de peur que cela ne les trouble;
Et dire ainsi mes vers me donne un plaisir double,
Puisque je satisfais un doux faible que j'ai
735 Tout en laissant manger ceux qui n'ont pas mangé!

CYRANO, *lui frappant sur l'épaule.*

Toi, tu me plais!...
Ragueneau va rejoindre ses amis. Cyrano le suit des yeux, puis un peu brusquement.

Hé là, Lise?

Lise, en conversation tendre avec le mousquetaire, tressaille et descend vers Cyrano.

Ce capitaine...

Vous assiège?

LISE, *offensée.*

Oh! mes yeux, d'une œillade hautaine
Savent vaincre quiconque attaque mes vertus.

CYRANO

Euh! pour des yeux vainqueurs, je les trouve battus.

LISE, *suffoquée.*

740 Mais...

111

CYRANO, *nettement.*
Ragueneau me plaît. C'est pourquoi, dame Lise,
Je défends que quelqu'un le ridicoculise.

LISE

Mais...

CYRANO, *qui a élevé la voix assez pour être entendu du galant.*
À bon entendeur...
Il salue le mousquetaire, et va se mettre en observation, à la porte du fond, après avoir regardé l'horloge.

LISE, *au mousquetaire qui a simplement rendu son salut à Cyrano.*
Vraiment, vous m'étonnez!
Répondez... sur son nez...

LE MOUSQUETAIRE

Sur son nez... sur son nez...
Il s'éloigne vivement, Lise le suit.

CYRANO, *de la porte du fond, faisant signe à Ragueneau d'emmener les poètes.*
Pst!...

RAGUENEAU, *montrant aux poètes la porte de droite.*
Nous serons bien mieux par là...

CYRANO, *s'impatientant.*
Pst! pst!...

RAGUENEAU, *les entraînant.*
Pour lire
745 Des vers..

PREMIER POÈTE, *désespéré, la bouche pleine.*
Mais les gâteaux!...

DEUXIÈME POÈTE
Emportons-les!
Ils sortent tous derrière Ragueneau, processionnellement, et après avoir fait une rafle de plateaux.

Acte II Scène 4

L'ENTRÉE DES POÈTES

1. Comment expliquez-vous l'amabilité des poètes envers Ragueneau ?

2. Toute la scène repose sur le retournement comique de l'image traditionnelle du poète famélique et préoccupé par les seules choses de l'esprit. Comment Rostand joue-t-il, plus généralement, avec les stéréotypes ?

3. Comparez le récit du combat de Cyrano fait par les poètes à celui qu'en faisait Ragueneau (acte II, scène 3).

LA CONSTRUCTION PARALLÈLE DE LA SCÈNE

4. Sur quoi repose l'entrelacement du récit du combat et de l'écriture de la lettre ?

5. Comparez ces deux discours (leur thème, leur style, etc.) et analysez l'effet d'écho entre eux.

LA RECETTE DE RAGUENEAU

6. S'agit-il d'une véritable recette ? Pourquoi ?

7. Quelle valeur esthétique a ce poème culinaire ? Comparez ce type de poésie avec celle de Cyrano et avec celle de la pièce dans son ensemble.

8. D'après vous, cette recette est-elle, pour Edmond Rostand, l'occasion de réfléchir sur la manière dont on fait des vers ? Justifiez votre réponse.

9. Qu'est-ce que la « cuisine littéraire » ?

CYRANO ET LISE

10. Que pensez-vous de l'intervention de Cyrano auprès de Lise et du mousquetaire ? Il vient de se déclarer l'ami de Ragueneau, mais sa

113

mise en garde vous paraît-elle justifiée ? Que peut-on en déduire sur sa conception de l'amour et des femmes ?

11. Le mot-valise amalgame deux mots presque homophoniques (de prononciation identique), de sorte que, tout en gardant son sens, chacun des termes produit un troisième vocable, comique le plus souvent. Au vers 741, Cyrano amalgame « ridiculise » et « cocu ». Cherchez dans Cyrano d'autres exemples de mots-valises ou de transformations comiques de mots existants.

En quoi la dramaturgie et l'écriture de Rostand peuvent-elles, elles aussi, être considérées comme une sorte de gigantesque mot-valise ?

SCÈNE 5. CYRANO, ROXANE, LA DUÈGNE.

CYRANO
                                        Je tire
Ma lettre si je sens seulement qu'il y a
Le moindre espoir!...
Roxane, masquée, suivie de la duègne, paraît derrière le vitrage. Il ouvre
vivement la porte.
                    Entrez!...
Marchant sur la duègne.
                            Vous, deux mots, duegna[1]
                    LA DUÈGNE
Quatre.

CYRANO
    Êtes-vous gourmande?
                    LA DUÈGNE
                            À m'en rendre malade.
    CYRANO, *prenant vivement des sacs de papier sur le comptoir.*
Bon. Voici deux sonnets de monsieur Benserade[2]...
                    LA DUÈGNE, *piteuse.*
750 Heu!...

CYRANO
...que je vous remplis de darioles[3].
            LA DUÈGNE, *changeant de figure.*
                                Hou!

---

1. *Duegna* : forme espagnole pour duègne *(Dueña)*.
2. *Benserade* : poète précieux, auteur de tragédies, de comédies et du sonnet
Job (1648), lequel déclencha une furieuse bataille littéraire entre ses partisans
(les « jobelins ») et ceux qui lui préféraient le *Sonnet d'Uranie* de Voiture
(les« uranistes »).
3. *Darioles* : gâteaux à la crème.

115

CYRANO

Aimez-vous le gâteau qu'on nomme petit chou?

LA DUÈGNE, *avec dignité.*

Monsieur, j'en fais état, lorsqu'il est à la crème.

CYRANO

J'en plonge six pour vous dans le sein d'un poème
De Saint-Amant[1]! Et dans ces vers de Chapelain[2]
755 Je dépose un fragment, moins lourd, de poupelin[3].
— Ah! vous aimez les gâteaux frais?

LA DUÈGNE

J'en suis férue!

CYRANO, *lui chargeant les bras de sacs remplis.*

Veuillez aller manger tous ceux-ci dans la rue.

LA DUÈGNE

Mais...

CYRANO, *la poussant dehors.*

Et n'en revenez qu'après avoir fini!

*Il referme la porte, redescend vers Roxane, et s'arrête, découvert, à une
distance respectueuse.*

SCÈNE 6.   CYRANO, ROXANE, LA DUÈGNE,
un instant.

CYRANO

Que l'instant entre tous les instants soit béni
760 Où, cessant d'oublier qu'humblement je respire,
Vous venez jusqu'ici pour me dire... me dire?

---

1. *Saint-Amant* : auteur de poèmes satiriques et lyriques (1594-1661).
2. *Chapelain* : auteur d'épopées et des *Sentiments de l'Académie sur « le
Cid »* (1595-1674).
3. *Poupelin* : autre gâteau à la crème.

ROXANE, *qui s'est démasquée.*
Mais tout d'abord merci, car ce drôle, ce fat
Qu'au brave jeu d'épée, hier[1], vous avez fait mat,
C'est lui qu'un grand seigneur... épris de moi...

CYRANO

De Guiche?

ROXANE, *baissant les yeux.*
765 Cherchait à m'imposer... comme mari...

CYRANO

Postiche?

Saluant.
Je me suis donc battu, madame, et c'est tant mieux,
Non pour mon vilain nez, mais bien pour vos beaux yeux.

ROXANE
Puis... je voulais... Mais pour l'aveu que je viens faire
Il faut que je revoie en vous le... presque frère
770 Avec qui je jouais, dans le parc, près du lac!...

CYRANO
Oui... vous veniez tous les étés à Bergerac!...

ROXANE
Les roseaux fournissaient le bois pour vos épées...

CYRANO
Et les maïs, les cheveux blonds pour vos poupées!

ROXANE
C'était le temps des jeux...

CYRANO
Des mûrons aigrelets...

ROXANE
775 Le temps où vous faisiez tout ce que je voulais!...

CYRANO
Roxane, en jupons courts, s'appelait Madeleine...

---

1. Pour que le vers ne dépasse pas les douze pieds, il ne faut pas prononcer la diérèse dans « hier » et le dire en une seule syllabe.

117

ROXANE

J'étais jolie, alors?

CYRANO
Vous n'étiez pas vilaine.

ROXANE
Parfois, la main en sang de quelque grimpement,
Vous accouriez! — Alors, jouant à la maman,
780 Je disais d'une voix qui tâchait d'être dure :
Elle lui prend la main.
« Qu'est-ce que c'est encor que cette égratinure? »
Elle s'arrête, stupéfaite.
Oh! C'est trop fort! Et celle-ci?
Cyrano veut retirer sa main.
                                        Non! Montrez-la!
Hein? à votre âge, encor! — Où t'es-tu fait cela?

Cyrano (Gérard Depardieu) et Roxane (Anne Brochet)
dans le film de Jean-Paul Rappeneau, 1990.

118

CYRANO

En jouant, du côté de la porte de Nesle.

ROXANE, *s'asseyant à une table, et trempant son mouchoir dans un verre d'eau.*

785 Donnez !

CYRANO, *s'asseyant aussi.*

Si gentiment ! Si gaiement maternelle !

ROXANE

Et, dites-moi, pendant que j'ôte un peu le sang,
Ils étaient contre vous ?

CYRANO

Oh ! pas tout à fait cent.

ROXANE

Racontez !

CYRANO

Non. Laissez. Mais vous, dites la chose
Que vous n'osiez tantôt me dire...

ROXANE, *sans quitter sa main.*

À présent, j'ose,
790 Car le passé m'encouragea de son parfum.
Oui, j'ose maintenant. Voilà. J'aime quelqu'un.

CYRANO

Ah !...

ROXANE

Qui ne le sait pas d'ailleurs.

CYRANO

Ah !...

ROXANE

Pas encore.

CYRANO

Ah !...

ROXANE

Mais qui va bientôt le savoir, s'il l'ignore.

119

CYRANO

Ah!...

ROXANE

Un pauvre garçon qui jusqu'ici m'aima
795 Timidement, de loin, sans oser le dire...

CYRANO

Ah!...

ROXANE

Laissez-moi votre main, voyons, elle a la fièvre.
Mais moi, j'ai vu trembler les aveux sur sa lèvre.

CYRANO

Ah!...

ROXANE, *achevant de lui faire un petit bandage*
avec son mouchoir.

Et figurez-vous, tenez, que, justement
Oui, mon cousin, il sert dans votre régiment!

CYRANO

800 Ah!...

ROXANE, *riant.*

Puisqu'il est cadet dans votre compagnie!

CYRANO

Ah!..

ROXANE

Il a sur son front de l'esprit, du génie;
Il est fier, noble, jeune, intrépide, beau...

CYRANO, *se levant tout pâle.*

Beau!

ROXANE

Quoi? Qu'avez-vous!

CYRANO

Moi, rien... C'est.. c'est...
Il montre sa main, avec un sourire.

C'est ce bobo.

ROXANE

Enfin, je l'aime. Il faut d'ailleurs que je vous die[1]
805 Que je ne l'ai jamais vu qu'à la Comédie...

CYRANO

Vous ne vous êtes donc pas parlé?

ROXANE

Nos yeux seuls.

CYRANO

Mais comment savez-vous, alors?

ROXANE

Sous les tilleuls
De la place Royale, on cause... Des bavardes
M'ont renseignée...

CYRANO

Il est cadet?

ROXANE

Cadet aux gardes.

CYRANO

810 Son nom?

ROXANE

Baron Christian de Neuvillette.

CYRANO

Hein?...
Il n'est pas aux cadets.

ROXANE

Si, depuis ce matin :
Capitaine Carbon de Castel-Jaloux[2].

CYRANO

Vite,
Vite, on lance son cœur!... Mais, ma pauvre petite...

---

1. *Que je vous die* : forme archaïque pour « que je vous dise ».
2. Formulation très concentrée pour indiquer que Christian fait désormais partie de la compagnie de Carbon de Castel-Jaloux.

LA DUÈGNE, *ouvrant la porte du fond.*
J'ai fini les gâteaux, monsieur de Bergerac!

CYRANO

815 Eh bien! lisez les vers imprimés sur le sac!
La duègne disparaît.
... Ma pauvre enfant, vous qui n'aimez que beau langage,
Bel esprit, — si c'était un profane, un sauvage?

ROXANE

Non, il a les cheveux d'un héros de d'Urfé[1]!

CYRANO

S'il était aussi maldisant[2] que bien coiffé!

ROXANE

820 Non, tous les mots qu'il dit sont fins, je le devine!

CYRANO

Oui, tous les mots sont fins quand la moustache est fine.
Mais si c'était un sot!...

ROXANE, *frappant du pied.*
Eh bien! j'en mourrais, là!

CYRANO, *après un temps.*
Vous m'avez fait venir pour me dire cela?
Je n'en sens pas très bien l'utilité, madame.

ROXANE

825 Ah, c'est que quelqu'un hier m'a mis la mort dans l'âme,
Et me disant que tous, vous êtes tous Gascons
Dans votre compagnie...

---

1. *Honoré d'Urfé* : auteur (1567-1625) d'un roman pastoral précieux, *l'Astrée*, qui influença beaucoup la société littéraire pendant la première moitié du XVIIe siècle.
2. *Maldisant* : médisant. Invention verbale de Cyrano — peut-être aussi du cercle des précieux — pour désigner celui qui parle mal, péché mortel pour Roxane et ses amis.

CYRANO

Et que nous provoquons
Tous les blancs-becs qui, par faveur, se font admettre
Parmi les purs Gascons que nous sommes, sans l'être[1] ?
830 C'est ce qu'on vous a dit ?

ROXANE

Et vous pensez si j'ai
Tremblé pour lui !

CYRANO, *entre ses dents.*
Non sans raison !

ROXANE

Mais j'ai songé,
Lorsque invincible et grand, hier, vous nous apparûtes,
Châtiant ce coquin, tenant tête à ces brutes :
J'ai songé : s'il voulait, lui, que tous ils craindront...

CYRANO

835 C'est bien, je défendrai votre petit baron.

ROXANE

Oh ! n'est-ce pas que vous allez me le défendre ?
J'ai toujours eu pour vous une amitié si tendre !

CYRANO

Oui. Oui.

ROXANE

Vous serez son ami ?

CYRANO

Je le serai.

ROXANE

Et jamais il n'aura de duel ?

---

1. Il est exact que la compagnie de Carbon de Castel-Jaloux était presque
entièrement composée de Gascons.

123

CYRANO

C'est juré.

ROXANE

840 Oh! je vous aime bien. Il faut que je m'en aille.
Elle remet vivement son masque, une dentelle sur son front, et distraitement.
Mais vous ne m'avez pas raconté la bataille
De cette nuit. Vraiment ce dut être inouï!...
— Dites-lui qu'il m'écrive.
Elle lui envoie un petit baiser de la main

Oh! je vous aime!

CYRANO

Oui. Oui.

ROXANE

Cent hommes contre vous? — Allons, adieu. — Nous sommes
845 De grands amis!

CYRANO

Oui, oui.

ROXANE

Qu'il m'écrive! — Cent hommes!
Vous me direz plus tard. Maintenant, je ne puis.
Cent hommes! Quel courage!

CYRANO, *la saluant.*

Oh, j'ai fait mieux depuis.

Elle sort. Cyrano reste immobile, les yeux à terre. Un silence. La porte de droite s'ouvre. Ragueneau passe sa tête.

Acte II Scènes 5 et 6

LE COMIQUE ET LA MANIPULATION

1. La scène 5 reprend le procédé comique utilisé précédemment : l'amalgame du goût pour la poésie et pour la pâtisserie. Relevez les expressions de la duègne maniant un vocabulaire abstrait et littéraire pour dire sa gourmandise.

2. Comment joueriez-vous ou feriez-vous jouer le rôle de la duègne manipulée par Cyrano ?

L'ÉVOCATION DE L'ENFANCE

3. Quel effet produit le rapide échange de souvenirs (v. 768 à 785) ?

4. L'attitude maternelle de Roxane vis-à-vis de Cyrano est évoquée ici pour la première fois. Elle le sera de nouveau à la fin de la pièce (acte V, sc. 6). Que peut-on en déduire de la psychologie de ces personnages ?

5. C'est la seule fois que Roxane tutoie Cyrano (v. 783). Pourquoi ?

L'AVEU DE ROXANE

6. Sur quels indices repose le malentendu (v. 791 à 802) ? Comment, jusqu'au mot « beau », Cyrano peut-il croire qu'il s'agit de lui ?

7. Quel contenu sémantique, quel sens pourrait-on donner aux « Ah ! » de Cyrano ?

LA DRAMATURGIE DU NON-DIT

8. Comment l'intrigue se noue-t-elle dans la scène 6 ?

9. Montrez que c'est dans le non-dit, les silences, dans les paroles sans importance que pointent le sens et le tragique.

10. Quel est le lien entre le comique (le quiproquo) et le pathétique (la déception de Cyrano) ?

11. Que prépare la dernière didascalie de la scène 6 ?

SCÈNE 7.   CYRANO, RAGUENEAU, LES POÈTES,
CARBON DE CASTEL-JALOUX, LES CADETS,
LA FOULE, *etc., puis* DE GUICHE.

RAGUENEAU

Peut-on rentrer?

CYRANO, *sans bouger.*
Oui...

Ragueneau fait signe et ses amis rentrent. En même temps, à la porte du fond paraît Carbon de Castel-Jaloux, costume de capitaine aux gardes, qui fait de grands gestes en apercevant Cyrano.

CARBON DE CASTEL-JALOUX
Le voilà!

CYRANO, *levant la tête.*
Mon capitaine!...

CARBON, *exultant.*
Notre héros! Nous savons tout! Une trentaine
850 De mes cadets sont là!...

CYRANO, *reculant.*
Mais...

CARBON, *voulant l'entraîner.*
Viens! on veut te voir!

CYRANO

Non!

CARBON
Ils boivent en face, à *La Croix du Trahoir.*

CYRANO

Je...

CARBON, *remontant à la porte, et criant à la cantonade,
d'une voix de tonnerre.*
Le héros refuse. Il est d'humeur bourrue!

UNE VOIX, *au-dehors.*

Ah! Sandious!
Tumulte au-dehors, bruit d'épées et de bottes qui se rapprochent.

126

CARBON, *se frottant les mains.*
Les voici qui traversent la rue!...

LES CADETS, *entrant dans la rôtisserie.*
Mille dioux! — Capdelious! — Mordious! — Pocapdedious[1]!

RAGUENEAU, *reculant épouvanté.*
855 Messieurs, vous êtes donc tous de Gascogne!

LES CADETS

Tous!

UN CADET, *à Cyrano.*
Bravo!

CYRANO
Baron!

UN AUTRE, *lui secouant les mains.*
Vivat!

CYRANO
Baron!

TROISIÈME CADET
Que je t'embrasse!

CYRANO
Baron!

PLUSIEURS GASCONS
Embrassons-le!

CYRANO, *ne sachant auquel répondre.*
Baron... baron... de grâce...

RAGUENEAU
Vous êtes tous barons, messieurs!

LES CADETS
Tous!

1. Ces injures gasconnes, qu'elles existent ou non, témoignent de l'admiration des cadets.

RAGUENEAU

Le sont-ils?...

PREMIER CADET

On ferait une tour rien qu'avec nos tortils[1]!

LE BRET, *entrant, et courant à Cyrano.*

860 On te cherche! Une foule en délire conduite
Par ceux qui cette nuit marchèrent à ta suite...

CYRANO, *épouvanté.*

Tu ne leur as pas dit où je me trouve?...

LE BRET, *se frottant les mains.*

Si!

UN BOURGEOIS, *entrant, suivi d'un groupe.*

Monsieur, tout le Marais se fait porter ici!
*Au-dehors, la rue s'est remplie de monde. Des chaises à porteurs, des
carrosses s'arrêtent.*

LE BRET, *bas, souriant à Cyrano.*

Et Roxane?

CYRANO, *vivement.*

Tais-toi!

LA FOULE, *criant dehors.*

Cyrano!...
Une cohue se précipite dans la pâtisserie. Bousculade. Acclamations.

RAGUENEAU, *debout sur la table.*

Ma boutique

865 Est envahie! On casse tout! C'est magnifique!

DES GENS, *autour de Cyrano.*

Mon ami... mon ami...

---

1. *Tortils* : terme d'héraldique (connaissance des armoiries) qui désigne le cordon se tortillant en couronnes sur le blason des barons.

CYRANO
Je n'avais pas hier

Tant d'amis...

LE BRET, *ravi.*

Le succès !

UN PETIT MARQUIS, *accourant, les mains tendues.*
Si tu savais, mon cher...

CYRANO
Si tu ?... Tu ?... Qu'est-ce donc qu'ensemble nous gardâmes ?

UN AUTRE
Je veux vous présenter, Monsieur, à quelques dames
870 Qui là, dans mon carrosse...

CYRANO, *froidement.*
Et vous d'abord, à moi,

Qui vous présentera ?

LE BRET, *stupéfait.*
Mais qu'as-tu donc ?

CYRANO

Tais-toi !

UN HOMME DE LETTRES, *avec une écritoire.*
Puis-je avoir des détails sur ?...

CYRANO
Non.

LE BRET, *lui poussant le coude.*
C'est Théophraste

Renaudot ! l'inventeur de la gazette.[1]

CYRANO

Baste !

---

1. *Théophraste Renaudot :* médecin et historiographe du roi (1586-1653) qui
fonda en 1631 une *Gazette,* l'ancêtre de nos journaux ; il est considéré comme
l'un des premiers journalistes. Rostand en fait ici un reporter en mal de faits divers.

LE BRET

Cette feuille où l'on fait tant de choses tenir!
875 On dit que cette idée a beaucoup d'avenir!

LE POÈTE, *s'avançant.*

Monsieur...

CYRANO

Encor!

LE POÈTE

Je veux faire un pentacrostiche[1]
Sur votre nom...

QUELQU'UN, *s'avançant encore.*
Monsieur...

CYRANO

Assez!

*Mouvement. On se range. De Guiche paraît, escorté d'officiers. Cuigy,
Brissaille, les officiers qui sont partis avec Cyrano à la fin du premier
acte. Cuigy vient vivement à Cyrano.*

CUIGY, *à Cyrano.*

Monsieur de Guiche

Murmure. Tout le monde se range.
Vient de la part du maréchal de Gassion[2]!

DE GUICHE, *saluant Cyrano.*

... Qui tient à vous mander son admiration
880 Pour le nouvel exploit dont le bruit vient de courre[3].

---

1. *Pentacrostiche* : « Vers disposés en sorte qu'on y trouve cinq acrostiches
d'un nom en cinq divisions qu'on fait exprès pour chaque vers » (Dictionnaire de
Furetière, 1690). L'acrostiche est un poème dont les initiales de chaque vers
composent un nom ou un mot-clé.
2. *Maréchal de Gassion* : maréchal de France (1609-1647).
3. *Courre* : ce verbe, usité seulement à l'infinitif, est, dans la langue classique,
synonyme de courir. Il en reste aujourd'hui trace dans l'expression « chasse à
courre ».

LA FOULE

Bravo!...

CYRANO, *s'inclinant.*
Le maréchal s'y connaît en bravoure.

DE GUICHE
Il n'aurait jamais cru le fait si ces messieurs
N'avaient pu lui jurer l'avoir vu.

CUIGY
De nos yeux!

LE BRET, *bas à Cyrano, qui a l'air absent.*
Mais...

CYRANO
Tais-toi!

LE BRET
Tu parais souffrir!

CYRANO, *tressaillant et se redressant vivement.*
Devant ce monde?...
Sa moustache se hérisse; il poitrine.
885 Moi, souffrir?... Tu vas voir!

DE GUICHE, *auquel Cuigy a parlé à l'oreille.*
Votre carrière abonde
De beaux exploits, déjà. — Vous servez chez ces fous
De Gascons, n'est-ce pas?

CYRANO
Aux cadets, oui.

UN CADET, *d'une voix terrible.*
Chez nous!

DE GUICHE, *regardant les Gascons, rangés derrière Cyrano.*
Ah! ah! Tous ces messieurs à la mine hautaine,
Ce sont donc les fameux?...

CARBON DE CASTEL-JALOUX
Cyrano!

CYRANO
Capitaine?

131

CARBON

890 Puisque ma compagnie est, je crois, au complet,
Veuillez la présenter au comte, s'il vous plaît.

CYRANO, *faisant deux pas vers de Guiche, et montrant les cadets.*

Ce sont les cadets de Gascogne
De Carbon de Castel-Jaloux;
Bretteurs et menteurs sans vergogne,
895 Ce sont les cadets de Gascogne!
Parlant blason, lambel[1], bastogne[2],
Tous plus nobles que des filous,
Ce sont les cadets de Gascogne
De Carbon de Castel-Jaloux :
900 Œil d'aigle, jambe de cigogne,
Moustache de chat, dents de loups,
Fendant la canaille qui grogne,
Œil d'aigle, jambe de cigogne,
Ils vont, — coiffés d'un vieux vigogne[3]
905 Dont la plume cache les trous! —
Œil d'aigle, jambe de cigogne,
Moustache de chat, dents de loups!
Perce-Bedaine et Casse-Trogne
Sont leurs sobriquets les plus doux.
910 De gloire, leur âme est ivrogne.
Perce-Bedaine et Casse-Trogne,
Dans tous les endroits où l'on cogne
Ils se donnent des rendez-vous...
Perce-Bedaine et Casse-Trogne
915 Sont leurs sobriquets les plus doux!
Voici les cadets de Gascogne
Qui font cocus tous les jaloux!
Ô femme, adorable carogne[4],

---

1. *Lambel :* filet horizontal de la partie supérieure de l'écu (terme d'héraldique).
2. *Bastogne :* bande diagonale sur l'écu (terme d'héraldique).
3. *Vigogne :* chapeau en tissu de laine.
4. *Carogne :* au sens propre, mauvais cheval; employé ici pour désigner une femme méprisable (populaire).

Voici les cadets de Gascogne!
920   Que le vieil époux se renfrogne :
Sonnez, clairons! chantez, coucous!
Voici les cadets de Gascogne
Qui font cocus tous les jaloux!

DE GUICHE, *nonchalamment assis dans un fauteuil*
que Ragueneau a vite apporté.
Un poète est un luxe, aujourd'hui, qu'on se donne.
925   — Voulez-vous être à moi[1]?

CYRANO
Non, Monsieur, à personne.

DE GUICHE
Votre verve amusa mon oncle Richelieu,
Hier. Je veux vous servir auprès de lui.

LE BRET, *ébloui.*
Grand Dieu!

DE GUICHE
Vous avez bien rimé cinq actes, j'imagine?

LE BRET, *à l'oreille de Cyrano.*
Tu vas faire jouer, mon cher, ton *Agrippine*[2]!

DE GUICHE
930   Portez-les-lui.

CYRANO, *tenté et un peu charmé.*
Vraiment...

DE GUICHE
Il est des plus experts.
Il vous corrigera seulement quelques vers...

---

1. Rien de choquant ni d'inhabituel dans cette offre. Un poète doit se trouver un protecteur au XVIIᵉ siècle.
2. *La Mort d'Agrippine*, tragédie de Cyrano de Bergerac, fut jouée en 1653 à l'Hôtel de Bourgogne, et fit scandale.

133

CYRANO, *dont le visage s'est immédiatement rembruni.*
Impossible, Monsieur; mon sang se coagule
En pensant qu'on y peut changer une virgule.

DE GUICHE
Mais quand un vers lui plaît, en revanche, mon cher,
935 Il le paye très cher.

CYRANO
                    Il le paye moins cher
Que moi, lorsque j'ai fait un vers, et que je l'aime,
Je me le paye, en me le chantant à moi-même!

DE GUICHE
Vous êtes fier.

CYRANO
              Vraiment, vous l'avez remarqué?

UN CADET, *entrant avec, enfilés à son épée, des chapeaux aux*
plumets miteux, aux coiffes trouées, défoncées.
Regarde, Cyrano! ce matin, sur le quai,
940 Le bizarre gibier à plumes que nous prîmes!
Les feutres des fuyards!...

CARBON
                        Des dépouilles opimes[1]!

TOUT LE MONDE, *riant.*
Ah! Ah! Ah!

CUIGY
           Celui qui posta ces gueux, ma foi,
Doit rager aujourd'hui.

BRISSAILLE
                      Sait-on qui c'est?

---

1. *Dépouilles opimes* : à l'origine, les dépouilles d'un général ennemi ramenées
par son vainqueur ; expression employée ici au sens figuré pour désigner un
riche butin.

DE GUICHE

C'est moi.

Les rires s'arrêtent.

Je les avais chargés de châtier, — besogne
945 Qu'on ne fait pas soi-même, — un rimailleur[1] ivrogne.
Silence gêné.

LE CADET, *à mi-voix, à Cyrano, lui montrant les feutres.*

Que faut-il qu'on en fasse? Ils sont gras... Un salmis[2]?

CYRANO, *prenant l'épée où ils sont enfilés, et les faisant, dans un salut, tous glisser aux pieds de De Guiche.*

Monsieur, si vous voulez les rendre à vos amis?

DE GUICHE, *se levant et d'une voix brève.*

Ma chaise et mes porteurs, tout de suite : je monte.
À Cyrano, violemment.
Vous, Monsieur!...

UNE VOIX, *dans la rue, criant.*

Les porteurs de monseigneur le comte
950 De Guiche!

DE GUICHE, *qui s'est dominé, avec un sourire.*

...Avez-vous lu *Don Quichot*[3]?

CYRANO

Je l'ai lu,

Et me découvre au nom de cet hurluberlu.

DE GUICHE

Veuillez donc méditer alors...

UN PORTEUR, *paraissant au fond.*

Voici la chaise.

---

1. *Rimailleur :* mauvais poète qui a peine à aligner les rimes.
2. *Salmis :* gibier rôti servi avec une sauce.
3. *Don Quichotte de la Manche* (1605-1615); cette œuvre de Cervantès (1547-1616) raconte l'histoire d'un héros idéaliste qui se bat, entre autres, avec des moulins à vent, les ayant pris pour des ennemis.

DE GUICHE

Sur le chapitre des moulins!

CYRANO, *saluant.*

Chapitre treize.

DE GUICHE

Car, lorsqu'on les attaque, il arrive souvent...

CYRANO

955 J'attaque donc des gens qui tournent à tout vent?

DE GUICHE

Qu'un moulinet de leurs grands bras chargés de toiles
Vous lance dans la boue!...

CYRANO

Ou bien dans les étoiles!

De Guiche sort. On le voit remonter en chaise. Les seigneurs s'éloignent
en chuchotant. Le Bret les réaccompagne. La foule sort.

SCÈNE 8.   CYRANO, LE BRET, LES CADETS,
qui se sont attablés à droite et à gauche et auxquels on sert à boire
et à manger.

CYRANO, *saluant d'un air goguenard ceux qui sortent sans oser le*
saluer.

Messieurs... Messieurs... Messieurs...

LE BRET, *désolé, redescendant, les bras au ciel.*

Ah! dans quels jolis draps...

CYRANO

Oh! toi! tu vas grogner!

LE BRET

Enfin, tu conviendras

960 Qu'assassiner toujours la chance passagère,
Devient exagéré.

CYRANO

Eh bien oui, j'exagère !

LE BRET, *triomphant.*

Ah !

CYRANO

Mais pour le principe, et pour l'exemple aussi,
Je trouve qu'il est bon d'exagérer ainsi.

LE BRET

Si tu laissais un peu ton âme mousquetaire[1],
965 La fortune et la gloire...

CYRANO

Et que faudrait-il faire ?
Chercher un protecteur puissant, prendre un patron,
Et comme un lierre obscur qui circonvient un tronc
Et s'en fait un tuteur en lui léchant l'écorce,
Grimper par ruse au lieu de s'élever par force ?
970 Non, merci. Dédier, comme tous ils le font,
Des vers aux financiers ? se changer en bouffon
Dans l'espoir vil de voir, aux lèvres d'un ministre,
Naître un sourire, enfin, qui ne soit pas sinistre ?
Non, merci. Déjeuner, chaque jour, d'un crapaud ?
975 Avoir un ventre usé par la marche ? une peau
Qui plus vite, à l'endroit des genoux, devient sale ?
Exécuter des tours de souplesse dorsale ?
Non, merci. D'une main flatter la chèvre au cou
Cependant que, de l'autre, on arrose le chou,
980 Et, donneur de séné[2] par désir de rhubarbe,
Avoir son encensoir, toujours, dans quelque barbe ?

---

1. « Mousquetaire » est employé ici comme adjectif. Rostand fait ainsi le rapprochement avec les héros de Dumas, pour signifier tout un comportement.
2. *Séné :* arbrisseau dont on extrayait un laxatif. L'expression « Je vous passe le casse, passez-moi le séné » signifiait « faisons-nous des concessions mutuelles ». Le séné devait être une médecine fort amère que le flatteur s'administrait afin d'obtenir quelque douce récompense, comparée ici à la rhubarbe.

Non, merci. Se pousser de giron en giron,
Devenir un petit grand homme dans un rond[1],
Et naviguer, avec des madrigaux pour rames,
985 Et dans ses voiles des soupirs de vieilles dames?
Non, merci. Chez le bon éditeur de Sercy[2]
Faire éditer ses vers en payant? Non, merci.
S'aller faire nommer pape par les conciles[3]
Que dans des cabarets tiennent des imbéciles?
990 Non, merci. Travailler à se construire un nom
Sur un sonnet, au lieu d'en faire d'autres? Non,
Merci. Ne découvrir du talent qu'aux mazettes[4]?
Être terrorisé par de vagues gazettes,
Et se dire sans cesse : « Oh! pourvu que je sois
995 Dans les petits papiers du *Mercure François*[5]? »
Non, merci. Calculer, avoir peur, être blême,
Aimer mieux faire une visite[6] qu'un poème,
Rédiger des placets[7], se faire présenter?
Non, merci! non, merci! non, merci! Mais... chanter,
1000 Rêver, rire, passer, être seul, être libre,
Avoir l'œil qui regarde bien, la voix qui vibre,
Mettre, quand il vous plaît, son feutre de travers,
Pour un oui, pour un non, se battre, — ou faire un vers!
Travailler sans souci de gloire ou de fortune,
1005 À tel voyage, auquel on pense, dans la lune!

---

1. *Rond* : cercle ou cénacle littéraire, souvent tenu par des dames, lesquelles influencent l'opinion publique à propos du poète.
2. *De Sercy* : nom de l'éditeur de Cyrano de Bergerac. Rostand fait allusion aux « éditeurs » qui n'éditent qu'à compte d'auteur, c'est-à-dire sans prendre le moindre risque et en volant souvent le poète en mal de publication.
3. Allusion aux cénacles et, vu du XXe siècle, aux prix littéraires.
4. *Mazettes* : personnes médiocres et sans talent.
5. *Mercure François* : revue littéraire fondée en 1611, où l'on dissertait de littérature, de politique et de goût.
6. Allusion possible aux visites du candidat à l'Académie française. Rostand y fut lui-même élu en 1901, à 33 ans.
7. *Placets* : écrits adressés à un roi ou à un personnage très puissant pour demander une faveur.

N'écrire jamais rien qui de soi ne sortît,
Et, modeste d'ailleurs, se dire : mon petit,
Sois satisfait des fleurs, des fruits, même des feuilles,
Si c'est dans ton jardin à toi que tu les cueilles!
1010 Puis, s'il advient d'un peu triompher, par hasard,
Ne pas être obligé d'en rien rendre à César[1],
Vis-à-vis de soi-même en garder le mérite,
Bref, dédaignant d'être le lierre parasite,
Lors même qu'on n'est pas le chêne ou le tilleul,
1015 Ne pas monter bien haut, peut-être, mais tout seul!

LE BRET

Tout seul, soit! mais non pas contre tous! Comment diable
As-tu donc contracté la manie effroyable
De te faire toujours, partout, des ennemis?

CYRANO

À force de vous voir vous faire des amis,
1020 Et rire à ces amis dont vous avez des foules,
D'une bouche empruntée au derrière des poules!
J'aime raréfier sur mes pas les saluts,
Et m'écrie avec joie : un ennemi de plus!

LE BRET

Quelle aberration!

CYRANO

Eh bien oui, c'est mon vice.
1025 Déplaire est mon plaisir. J'aime qu'on me haïsse.
Mon cher, si tu savais comme l'on marche mieux
Sous la pistolétade[2] excitante des yeux!
Comme, sur les pourpoints, font d'amusantes taches
Le fiel des envieux et la bave des lâches!
1030 Vous, la molle amitié dont vous vous entourez,
Ressemble à ces grands cols d'Italie, ajourés

---

1. *César :* ici, symbole du pouvoir politique ou temporel (« rendre à César ce qui
appartient à César »).
2. *Sous la pistolétade :* sous la fusillade, le feu roulant des yeux.

Et flottants, dans lesquels votre cou s'effémine :
On y est plus à l'aise... et de moins haute mine,
Car le front n'ayant pas de maintien ni de loi,
1035 S'abandonne à pencher dans tous les sens. Mais moi,
La Haine, chaque jour, me tuyaute[1] et m'apprête
La fraise dont l'empois[2] force à lever la tête ;
Chaque ennemi de plus est un nouveau godron[3]
Qui m'ajoute une gêne, et m'ajoute un rayon :
1040 Car, pareille en tous points à la fraise espagnole,
La Haine est un carcan, mais c'est une auréole !

LE BRET, *après un silence, passant son bras sous le sien.*
Fais tout haut l'orgueilleux et l'amer, mais, tout bas,
Dis-moi tout simplement qu'elle ne t'aime pas !

CYRANO, *vivement.*
Tais-toi !

*Depuis un moment, Christian est entré, s'est mêlé aux cadets ; ceux-ci
ne lui adressent pas la parole ; il a fini par s'asseoir seul à une petite
table, où Lise le sert.*

---

1. *Me tuyaute* : m'oblige à me tenir parfaitement droit.
2. *Empois* : colle à base d'amidon.
3. *Godron* : pli rond et amidonné d'un col ou d'un jabot.

Acte II Scènes 7 et 8

LA CHANSON DES CADETS DE GASCOGNE

1. Cyrano compose un poème héroïque et guerrier (v. 892 à 923) pour présenter les cadets. Comparez-en le style avec les autres « productions littéraires » du personnage.

2. En quoi cette chanson est-elle aussi un air de ralliement et un cri de bataille ?

3. De quoi se vantent les cadets ? Montrez qu'il s'agit d'un discours d'attaque.

4. L'oxymore (voir p. 348) « adorable carogne » (v. 918) ne révèle-t-il pas (comme Rostand semble le sous-entendre) une ambivalence des vaillants soldats face aux femmes ? Cela vaut-il également pour Cyrano ? Justifiez vos réponses.

UNE SCÈNE DE FOULE

5. Comment Rostand manipule-t-il, pour les opposer ou les comparer, les différentes catégories sociales ?

6. Caractérisez le langage et le point de vue de chaque groupe.

7. Montrez que toute la scène tourne, littéralement, autour de Cyrano. Quelles conséquences en tirer pour la mise en scène ?

8. Quel rapport peut-on établir entre le personnage privé (de la scène précédente, par exemple) et l'attitude publique du refus ?

LA TIRADE DES « NON, MERCI »

9. Cyrano est un homme de principes ; caractérisez ces derniers en étudiant la tirade des vers 965 à 1015, morceau de bravoure de la pièce où le héros définit sa ligne de conduite.

10. Quelle métaphore ouvre et ferme la tirade ?

11. Quelle construction rhétorique organise ce récit ? Dégagez les deux grands moments de l'argumentation.

12. Définissez les servitudes du poète soumis à un protecteur puissant. Comment Rostand fait-il du même coup le procès des

mœurs littéraires de son temps ? D'après vous, la pièce est-elle, malgré son caractère historique, une méditation sur la fin du XIXe siècle ? Justifiez votre réponse.

Peut-on lire aujourd'hui *Cyrano* en donnant sens à ces allusions sur la société de l'époque ? Comment ce texte de 1897 pourrait-il être réactualisé par la mise en scène ?

L'AMOUR DE LA HAINE

13. Étudiez les vers 1024 à 1041, notamment l'opposition des métaphores du dur et du mou. Expliquez le vers 1041.

14. Quel est le sens de cette apologie de la haine ? Montrez que c'est le regard de l'autre que Cyrano ne supporte pas.

15. Analysez la manière dont Cyrano joue sur l'opposition grotesque des contraires. Comment s'appelle la figure de style employée au vers 1025 ?

16. Montrez que le tragique de Cyrano est lié à l'impossibilité de réconcilier un discours privé lyrique et un discours public agressif.

L'ÉTHIQUE DE CYRANO

17. D'après les scènes 7 et 8, en quoi l'éthique de Cyrano est-elle liée à une esthétique (dans son expression, son goût pour le paradoxe, etc.) ? Quel lien voyez-vous entre Cyrano et un héros romantique, ou un dandy ?

En quoi Le Bret joue-t-il non seulement un rôle de faire-valoir, mais aussi de confesseur, voire de psychanalyste pour Cyrano ? Vous analyserez en particulier le sens du « Tais-toi » (v. 1044).

SCÈNE 9. CYRANO, LE BRET, LES CADETS, CHRISTIAN DE NEUVILLETTE.

Un cadet, *assis à une table du fond, le verre à la main.*
Hé! Cyrano!
Cyrano se retourne.
     Le récit?

CYRANO
Tout à l'heure!
Il remonte au bras de Le Bret. Ils causent bas.

Le cadet, *se levant et descendant.*
1045 Le récit du combat! Ce sera la meilleure
Leçon
Il s'arrête devant la table où est Christian.
    pour ce timide apprentif[1]!

CHRISTIAN, *levant la tête.*
      Apprentif?

Un autre cadet
Oui, septentrional maladif!

CHRISTIAN
    Maladif?

Premier cadet, *goguenard.*
Monsieur de Neuvillette, apprenez quelque chose :
C'est qu'il est un objet, chez nous, dont on ne cause
1050 Pas plus que de cordon dans l'hôtel d'un pendu!

CHRISTIAN
Qu'est-ce?

---

1. *Apprentif :* forme archaïque du mot apprenti, novice. L'effet comique est
redoublé par l'accent des Gascons parodiant celui du nordique Christian.

Christian (Vincent Perez) dans le film de Jean-Paul Rappeneau, 1990.

UN AUTRE CADET, *d'une voix terrible.*
Regardez-moi!
Il pose trois fois, mystérieusement, son doigt sur son nez.
M'avez-vous entendu?

CHRISTIAN

Ah! c'est le...

UN AUTRE

Chut!... jamais ce mot ne se profère!
Il montre Cyrano qui cause au fond avec Le Bret.
Ou c'est à lui, là-bas, que l'on aurait affaire!

144

UN AUTRE, *qui, pendant qu'il était tourné vers les premiers,*
est venu sans bruit s'asseoir sur la table, dans son dos.

Deux nasillards[1] par lui furent exterminés
1055 Parce qu'il lui déplut qu'ils parlassent du nez!

UN AUTRE, *d'une voix caverneuse, surgissant de sous la table où il*
s'est glissé à quatre pattes.

On ne peut faire, sans défuncter[2] avant l'âge,
La moindre allusion au fatal cartilage!

UN AUTRE, *lui posant la main sur l'épaule.*

Un mot suffit! Que dis-je, un mot? Un geste, un seul!
Et tirer son mouchoir, c'est tirer son linceul!

Silence. Tous autour de lui, les bras croisés, le regardent. Il se lève et va à
Carbon de Castel-Jaloux qui, causant avec un officier, a l'air de ne rien
voir.

CHRISTIAN

1060 Capitaine!

CARBON, *se retournant et le toisant.*

Monsieur?

CHRISTIAN

Que fait-on quand on trouve
Des Méridionaux trop vantards?...

CARBON

On leur prouve
Qu'on peut être du Nord, et courageux.

Il lui tourne le dos.

CHRISTIAN

Merci.

---

1. *Nasillards* : personnes qui parlent du nez (qui nasillent), non pas au sens
d'à travers le nez, mais d'à propos du nez. Rostand joue sur l'ambiguïté de
l'expression « parler du nez », suggérant que son héros ne supporte même
pas la présence du nez dans les nasales (consonnes ou voyelles prononcées
avec une résonance de la cavité nasale).
2. *Défuncter* : mourir; création verbale de Rostand à partir de l'adjectif défunt.

PREMIER CADET, *à Cyrano.*
Maintenant, ton récit!

TOUS
Son récit!

CYRANO, *redescend vers eux.*
Mon récit?...
Tous rapprochent leurs escabeaux, se groupent autour de lui, tendent le col. Christian s'est mis à cheval sur une chaise.
Eh bien! donc je marchais tout seul, à leur rencontre.
1065 La lune, dans le ciel, luisait comme une montre,
Quand soudain, je ne sais quel soigneux horloger
S'étant mis à passer un coton nuager
Sur le boîtier d'argent de cette montre ronde,
Il se fit une nuit la plus noire du monde,
1070 Et les quais n'étant pas du tout illuminés,
Mordious! on n'y voyait pas plus loin...

CHRISTIAN
Que son nez.
Silence. Tout le monde se lève lentement. On regarde Cyrano avec terreur. Celui-ci s'est interrompu. Stupéfait. Attente.

CYRANO
Qu'est-ce que c'est que cet homme-là?

UN CADET, *à mi-voix.*
C'est un homme
Arrivé ce matin.

CYRANO, *faisant un pas vers Christian.*
Ce matin?

CARBON, *à mi-voix.*
Il se nomme
Le baron de Neuvil...

CYRANO, *vivement, s'arrêtant.*
Ah! c'est bien...
Il pâlit, rougit, a encore un mouvement pour se jeter sur Christian.
Je...

146

Cyrano (Jacques Weber). Mise en scène de Jérôme Savary.
Théâtre Mogador, 1983.

Puis il se domine, et dit d'une voix sourde.
                                        Très bien...
Il reprend.
1075 Je disais donc...
Avec un éclat de rage dans la voix.
                    Mordious!...
Il continue d'un ton naturel.
                                Que l'on n'y voyait rien
Stupeur. On se rassied en se regardant.
Et je marchais, songeant que pour un gueux fort mince
J'allais mécontenter quelque grand, quelque prince,
Qui m'aurait sûrement...
                    CHRISTIAN
                    Dans le nez...
Tout le monde se lève. Christian se balance sur sa chaise.

147

CYRANO, *d'une voix étranglée.*
                              Une dent...
Qui m'aurait une dent... et qu'en somme, imprudent,
1080 J'allais fourrer...

CHRISTIAN

         Le nez...

CYRANO
              Le doigt... entre l'écorce
Et l'arbre, car ce grand pouvait être de force
À me faire donner...

CHRISTIAN

         Sur le nez...

CYRANO, *essuyant la sueur à son front.*
                         Sur les doigts.
Mais j'ajoutai : Marche, Gascon, fais ce que dois!
Va, Cyrano! Et ce disant, je me hasarde,
1085 Quand, dans l'ombre, quelqu'un me porte...

CHRISTIAN

                              Une nasarde[1].

CYRANO
Je la pare, et soudain me trouve...

CHRISTIAN

                    Nez à nez...

CYRANO, *bondissant vers lui.*
Ventre-saint-gris!
*Tous les Gascons se précipitent pour voir; arrivé sur Christian, il se
maîtrise et continue.*
              ...Avec cent braillards avinés
Qui puaient...

CHRISTIAN

         À plein nez...

---

1. *Nasarde :* coup sur le nez.

CYRANO, *blême et souriant.*
                    L'oignon et la litharge[1]!
Je bondis, front baissé...

CHRISTIAN
Nez au vent!

CYRANO
                    Et je charge!
1090 J'en estomaque deux! J'en empale un tout vif!
Quelqu'un m'ajuste : Paf! et je riposte...

CHRISTIAN
                    Pif!

CYRANO, *éclatant.*
Tonnerre! Sortez tous!
Tous les cadets se précipitent vers les portes.

PREMIER CADET
C'est le réveil du tigre!

CYRANO
Tous! Et laissez-moi seul avec cet homme!

DEUXIÈME CADET
                    Bigre!
On va le retrouver en hachis!

RAGUENEAU
                    En hachis?

UN AUTRE CADET
1095 Dans un de vos pâtés!

RAGUENEAU
                    Je sens que je blanchis,
Et que je m'amollis comme une serviette!

---

1. *Litharge :* oxyde de plomb que l'on utilisait, paraît-il, pour adoucir le goût du vin. Aussi, bien sûr, allusion possible aux fers brandis par ces braillards.

CARBON

Sortons!

UN AUTRE

Il n'en va pas laisser une miette!

UN AUTRE

Ce qui va se passer ici, j'en meurs d'effroi!

UN AUTRE, *refermant la porte de droite.*

Quelque chose d'épouvantable!

Ils sont tous sortis, — soit par le fond, soit par les côtés; quelques-uns ont disparu par l'escalier. Cyrano et Christian restent face à face, et se regardent un moment.

150

Acte II Scène 9

LE RÉCIT AU THÉÂTRE

Cyrano ne cesse d'être sollicité pour relater ses exploits.

1. Quelle est la fonction dramaturgique du récit ? Quels types de récits existent au théâtre ?

2. Montrez qu'ici, contrairement à la tragédie classique, le récit ne remplace pas la représentation scénique de l'action.

AVOIR DU NEZ

3. Le mot « nez » est un tabou absolu, pour des raisons évidentes. Mais peut-on aller jusqu'à dire qu'il représente ce dont la bienséance interdit de parler ? En ce sens, quel serait ici le rôle de Christian ?

4. Relevez les locutions comportant le mot « nez » et analysez comment Rostand les utilise.

5. Comment diriez-vous les répliques de Christian ? À votre avis, faut-il varier le ton ou accentuer le mécanisme de la répétition ? Pourquoi ?

6. Étudiez la situation dramatique (le calme et les réparties de Christian, la colère rentrée de Cyrano, la surprise des cadets, etc.).

L'HÉROÏSME DE CYRANO

7. Montrez que l'héroïsme dont Cyrano fait preuve rend son personnage plus complexe.

8. Étudiez la manière dont la provocation est théâtralement mise en scène.

SCÈNE 10. CYRANO, CHRISTIAN.

CYRANO

Embrasse-moi!

CHRISTIAN

1100 Monsieur...

CYRANO

Brave.

CHRISTIAN

Ah çà! mais!...

CYRANO

Très brave. Je préfère.

CHRISTIAN

Me direz-vous?

CYRANO

Embrasse-moi. Je suis son frère.

CHRISTIAN

De qui?

CYRANO

Mais d'elle!

CHRISTIAN

Hein?

CYRANO

Mais de Roxane!

CHRISTIAN, *courant à lui.*

Ciel.

Vous, son frère?

CYRANO

Ou tout comme : un cousin fraternel.

CHRISTIAN

Elle vous a?...

CYRANO

Tout dit!

152

CHRISTIAN
M'aime-t-elle?

CYRANO
Peut-être!

CHRISTIAN, *lui prenant les mains.*
1105 Comme je suis heureux, Monsieur, de vous connaître!

CYRANO
Voilà ce qui s'appelle un sentiment soudain.

CHRISTIAN
Pardonnez-moi...

CYRANO, *le regardant, et lui mettant la main sur l'épaule.*
C'est vrai qu'il est beau, le gredin!

CHRISTIAN
Si vous saviez, Monsieur, comme je vous admire!

CYRANO
Mais tous ces nez que vous m'avez...

CHRISTIAN
Je les retire[1]!

CYRANO
1110 Roxane attend ce soir une lettre.

CHRISTIAN
Hélas!

CYRANO
Quoi?

CHRISTIAN
C'est me perdre que de cesser de rester coi[2]!

CYRANO
Comment?

---

1. Ici, au sens propre et au figuré!
2. *Coi :* silencieux.

CHRISTIAN

Las! je suis sot à m'en tuer de honte.

CYRANO

Mais non, tu ne l'es pas, puisque tu t'en rends compte.
D'ailleurs, tu ne m'as pas attaqué comme un sot.

CHRISTIAN

1115 Bah! on trouve des mots quand on monte à l'assaut!
Oui, j'ai certain esprit facile et militaire,
Mais je ne sais, devant les femmes, que me taire.
Oh! leurs yeux, quand je passe, ont pour moi des bontés...

CYRANO

Leurs cœurs n'en ont-ils plus quand vous vous arrêtez?

CHRISTIAN

1120 Non! car je suis de ceux, — je le sais... et je tremble! —
Qui ne savent parler d'amour...

CYRANO

Tiens!... Il me semble
Que si l'on eût pris soin de me mieux modeler,
J'aurais été de ceux qui savent en parler.

CHRISTIAN

Oh! pouvoir exprimer les choses avec grâce!

CYRANO

1125 Être un joli petit mousquetaire qui passe!

CHRISTIAN

Roxane est précieuse et sûrement je vais
Désillusionner Roxane!

CYRANO, *regardant Christian.*

Si j'avais[1]
Pour exprimer mon âme un pareil interprète!

---

1. Ces deux vers sont douteux quant au nombre de pieds de chaque alexandrin.
En prononçant la diérèse dans « précieuse » et le « e » muet, on trouve treize
pieds. Par contre, il faut respecter la diérèse de désillusionner, pour que le vers
retombe sur ses douze pieds.

154

CHRISTIAN, *avec désespoir.*
Il me faudrait de l'éloquence!

CYRANO, *brusquement.*
Je t'en prête!
1130 Toi, du charme physique et vainqueur, prête-m'en :
Et faisons à nous deux un héros de roman!

CHRISTIAN

Quoi?

CYRANO
Te sens-tu de force à répéter les choses
Que chaque jour je t'apprendrai?...

CHRISTIAN
Tu me proposes...

CYRANO
Roxane n'aura pas de désillusions!
1135 Dis, veux-tu qu'à nous deux nous la séduisions?
Veux-tu sentir passer, de mon pourpoint de buffle
Dans ton pourpoint brodé, l'âme que je t'insuffle!

CHRISTIAN

Mais, Cyrano!...

CYRANO
Christian, veux-tu?

CHRISTIAN
Tu me fais peur!

CYRANO
Puisque tu crains, tout seul, de refroidir son cœur,
1140 Veux-tu que nous fassions — et bientôt tu l'embrases! —
Collaborer un peu tes lèvres et mes phrases?

CHRISTIAN

Tes yeux brillent!...

CYRANO
Veux-tu?...

CHRISTIAN
Quoi! cela te ferait

Tant de plaisir?

155

CYRANO, *avec enivrement.*
    Cela...
Se reprenant, et en artiste.
         Cela m'amuserait!
C'est une expérience à tenter un poète.
1145 Veux-tu me compléter et que je te complète?
Tu marcheras, j'irai dans l'ombre à ton côté :
Je serai ton esprit, tu seras ma beauté.

CHRISTIAN

Mais la lettre qu'il faut, au plus tôt, lui remettre!
Je ne pourrai jamais...

   CYRANO, *sortant de son pourpoint la lettre qu'il a écrite.*
      Tiens, la voilà, ta lettre!

CHRISTIAN

1150 Comment?

CYRANO

   Hormis l'adresse, il n'y manque plus rien.

CHRISTIAN

Je...

CYRANO

   Tu peux l'envoyer. Sois tranquille. Elle est bien.

CHRISTIAN

Vous aviez?...

CYRANO

    Nous avons toujours, nous, dans nos poches,
Des épîtres à des Chloris[1]... de nos caboches,
Car nous sommes ceux-là qui pour amante n'ont
1155 Que du rêve soufflé dans la bulle d'un nom!...
Prends, et tu changeras en vérités ces feintes;

---

1. *Chloris* : nom typique d'une femme à laquelle le poème précieux est censé s'adresser. L'alliance avec « caboche » relativise immédiatement le discours précieux dont il fait ensuite la critique apparente.

Je lançais au hasard ces aveux et ces plaintes :
Tu verras se poser tous ces oiseaux errants.
Tu verras que je fus dans cette lettre — prends! —
1160 D'autant plus éloquent que j'étais moins sincère!
Prends donc, et finissons!

CHRISTIAN

N'est-il pas nécessaire
De changer quelques mots? Écrite en divaguant,
Ira-t-elle à Roxane?

CYRANO

Elle ira comme un gant!

CHRISTIAN

Mais...

CYRANO

La crédulité de l'amour-propre est telle,
1165 Que Roxane croira que c'est écrit pour elle!

CHRISTIAN

Ah! mon ami!
Il se jette dans les bras de Cyrano. Ils restent embrassés[1].

SCÈNE 11.   CYRANO, CHRISTIAN,
LES GASCONS, LE MOUSQUETAIRE, LISE.

UN CADET, *entrouvrant la porte.*
Plus rien... Un silence de mort...
Je n'ose regarder...
Il passe la tête.
Hein?...

---

1. *Embrassés* : au sens classique de « dans les bras l'un de l'autre ».

TOUS LES CADETS, *entrant et voyant Cyrano et Christian
qui s'embrassent.*

Ah!... Oh!...

UN CADET

C'est trop fort!

Consternation.

LE MOUSQUETAIRE, *goguenard.*

Ouais?...

CARBON

Notre démon est doux comme un apôtre!
Quand sur une narine on le frappe, il tend l'autre?

LE MOUSQUETAIRE

1170 On peut donc lui parler de son nez, maintenant?
Appelant Lise, d'un air triomphant.
Eh! Lise! Tu vas voir!
Humant l'air avec affectation.

Oh!... Oh!... c'est surprenant!

Quelle odeur!...
Allant à Cyrano, dont il regarde le nez avec impertinence.

Mais monsieur doit l'avoir reniflée?

Qu'est-ce que cela sent ici?...

CYRANO, *le souffletant.*

La giroflée!

Joie. Les cadets ont retrouvé Cyrano; ils font des culbutes.

RIDEAU

Acte II Scènes 10 et 11

LE « MARCHÉ » DE CYRANO

1. Quelles sont, selon vous, les motivations de Cyrano quand il propose à Christian cette « association » ?

2. Connaissez-vous des mythes qui vous rappellent cette création d'une figure animée et parfaite ? Quelles religions et quelles philosophies se fondent sur un dualisme de l'esprit et du corps ?

3. Pour Cyrano, qu'est-ce que la séduction ? Montrez que l'idée qu'il s'en fait est le début d'un malentendu tragique, d'une alliance inaliénable qui ne peut finir qu'avec la mort des deux membres de l'alliance.

4. Pourquoi Christian est-il d'abord inquiet ? Pourquoi accepte-t-il néanmoins le marché ? Comparez cette alliance avec celle de Faust et de Méphistophélès racontée par Gœthe (*Faust,* 1808 et 1832).

5. Analysez la tension dramatique au cours de la scène 10 et définissez en conséquence le rôle de la scène 11.

LA LETTRE D'AMOUR

6. La lettre d'amour peut-elle être un genre littéraire ? Justifiez votre réponse en citant des exemples précis.

7. Commentez le parallèle établi par Cyrano entre la beauté formelle et l'insincérité (v. 1153 à 1160).

8. En changeant de mains, la lettre change-t-elle, à votre avis, aussi de sens ? Pourquoi ?

Ensemble de l'acte II

1. L'exposition est désormais achevée. Montrez que Rostand a mis en place toutes les informations nécessaires à la compréhension de l'action.

2. Étudiez l'alternance des moments statiques et des accélérations de l'action, celle des moments comiques et des instants pathétiques.

3. Pourquoi les combats de Cyrano sont-ils relatés de manière chaque fois différente au cours de l'acte II ?

4. Montrez comment toute la structure de l'acte aboutit (comme les morceaux d'un puzzle reconstitué) à cette union secrète entre Christian et Cyrano, et à la mise en route d'une folle équipée ne pouvant que mal se terminer.

5. Pourquoi Rostand parle-t-il de « cuisine poétique » durant quatre scènes (1 à 4) ? Essayez de définir le rapport qu'entretient Cyrano avec le corps et la nourriture.

Acte III

Le baiser de Roxane

Une petite place dans l'ancien Marais. Vieilles maisons. Perspectives de ruelles. À droite, la maison de Roxane et le mur de son jardin que débordent de larges feuillages. Au-dessus de la porte, fenêtre et balcon. Un bac devant le seuil.

Du lierre grimpe au mur, du jasmin enguirlande le balcon, frissonne et retombe.

Par le banc et les pierres en saillie du mur, on peut facilement grimper au balcon.

En face, une ancienne maison de même style, brique et pierre, avec une porte d'entrée. Le heurtoir de cette porte est emmailloté de linge comme un pouce malade.

Au lever de rideau, la duègne est assise sur le banc. La fenêtre est grande ouverte sur le balcon de Roxane.

Près de la duègne se tient debout Ragueneau, vêtu d'une sorte de livrée : il termine un récit, en s'essuyant les yeux.

SCÈNE PREMIÈRE. RAGUENEAU, LA DUÈGNE, *puis* ROXANE, CYRANO *et* DEUX PAGES.

RAGUENEAU
...Et puis, elle est partie avec un mousquetaire !
1175 Seul, ruiné, je me pends. J'avais quitté la terre.
Monsieur de Bergerac entre, et, me dépendant,
Me vient à sa cousine offrir comme intendant.

LA DUÈGNE
Mais comment expliquer cette ruine où vous êtes?

RAGUENEAU

Lise aimait les guerriers, et j'aimais les poètes!
1180 Mars mangeait les gâteaux que laissait Apollon :
— Alors, vous comprenez, cela ne fut pas long!

LA DUÈGNE, *se levant et appelant vers la fenêtre ouverte.*
Roxane, êtes-vous prête?... On nous attend!

LA VOIX DE ROXANE, *par la fenêtre.*

Je passe

Une mante!

LA DUÈGNE, *à Ragueneau, lui montrant la porte d'en face.*
C'est là qu'on nous attend, en face.
Chez Clomire[1]. Elle tient bureau, dans son réduit.
1185 On y lit un discours sur le Tendre[2], aujourd'hui.

RAGUENEAU

Sur le Tendre?

LA DUÈGNE, *minaudant.*

Mais oui!
Criant vers la fenêtre.

Roxane, il faut descendre,
Ou nous allons manquer le discours sur le Tendre!

LA VOIX DE ROXANE

Je viens!
On entend un bruit d'instruments à cordes qui se rapproche.

LA VOIX DE CYRANO, *chantant dans la coulisse.*
La! la! la! la!

LA DUÈGNE, *surprise.*

On nous joue un morceau?

---

1. *Clomire :* nom d'une précieuse qui tenait salon (ici, « bureau ») dans un lieu
où les invités se réunissaient pour discuter.
2. La Carte du Tendre répertoriait, de manière allégorique, les sentiments
humains et les chemins tortueux de la providence amoureuse.

CYRANO, *suivi de deux pages porteurs de théorbes*[1].
Je vous dis que la croche est triple, triple sot!

PREMIER PAGE, *ironique*.
1190 Vous savez donc, Monsieur, si les croches sont triples?

CYRANO
Je suis musicien, comme tous les disciples
De Gassendi[2]!

LE PAGE, *jouant et chantant*.
La! la!

CYRANO, *lui arrachant le théorbe et continuant la phrase musicale*.
Je peux continuer!
La! la! la! la!

ROXANE, *paraissant sur le balcon*.
C'est vous?

CYRANO, *chantant sur l'air qu'il continue*.
Moi qui viens saluer
Vos lis, et présenter mes respects à vos ro...ses!

ROXANE
1195 Je descends!
Elle quitte le balcon.

LA DUÈGNE, *montrant les pages*.
Qu'est-ce donc que ces deux virtuoses?

CYRANO
C'est un pari que j'ai gagné sur d'Assoucy.
Nous discutions un point de grammaire. — Non! — Si!
Quand soudain me montrant ces deux grands escogriffes[3]

---

1. *Théorbes* : grands luths à deux manches.
2. *Gassendi* : philosophe matérialiste (1592-1655) ; il influença Cyrano de Bergerac, partisan d'une doctrine épicurienne, fondée sur le principe de la recherche du plaisir.
3. *Escogriffes* : personnes de grande taille et d'allure dégingandée.

Habiles à gratter les cordes de leurs griffes,
1200 Et dont il fait toujours son escorte, il me dit :
« Je te parie un jour de musique! » Il perdit.
Jusqu'à ce que Phœbus recommence son orbe,
J'ai donc sur mes talons ces joueurs de théorbe,
De tout ce que je fais, harmonieux témoins!
1205 Ce fut d'abord charmant, et ce l'est déjà moins.
Aux musiciens.
Hep!... Allez de ma part jouer une pavane
À Montfleury!
Les pages remontent pour sortir. — À la duègne.
        Je viens demander à Roxane
Ainsi que chaque soir...
Aux pages qui sortent.
              Jouez longtemps, — et faux!
À la duègne.
...Si l'ami de son âme est toujours sans défauts?

        ROXANE, *sortant de la maison.*
1210 Ah! qu'il est beau, qu'il a d'esprit et que je l'aime!

          CYRANO, *souriant.*
Christian a tant d'esprit?

          ROXANE
        Mon cher, plus que vous-même!

          CYRANO
J'y consens.

          ROXANE
     Il ne peut exister à mon goût
Plus fin diseur de ces jolis riens qui sont tout.
Parfois il est distrait, ses Muses sont absentes;
1215 Puis, tout à coup, il dit des choses ravissantes!

        CYRANO, *incrédule.*
Non?

          ROXANE
    C'est trop fort! Voilà comme les hommes sont :
Il n'aura pas d'esprit puisqu'il est beau garçon!

164

CYRANO

Il sait parler du cœur d'une façon experte?

ROXANE

Mais il n'en parle pas, Monsieur, il en disserte!

CYRANO

1220 Il écrit?

ROXANE

  Mieux encore! Écoutez donc un peu :
Déclamant.
« Plus tu me prends de cœur, plus j'en ai!... »
Triomphante, à Cyrano.

          Eh! bien!

CYRANO

             Peuh!...

ROXANE

Et ceci : « Pour souffrir, puisqu'il m'en faut un autre,
Si vous gardez mon cœur, envoyez-moi le vôtre! »

CYRANO

Tantôt il en a trop et tantôt pas assez.
1225 Qu'est-ce au juste qu'il veut, de cœur?...

ROXANE, *frappant du pied.*

           Vous m'agacez!

C'est la jalousie...

CYRANO, *tressaillant.*

Hein!

ROXANE

     ...d'auteur qui vous dévore!
— Et ceci, n'est-il pas du dernier tendre encore?
« Croyez que devers[1] vous mon cœur ne fait qu'un cri,
Et que si les baisers s'envoyaient par écrit,
1230 Madame, vous liriez ma lettre avec les lèvres!... »

---

1. *Devers* : envers.

CYRANO, *souriant malgré lui de satisfaction.*
Ha! ha! ces lignes-là sont... hé! hé!
Se reprenant et avec dédain.

Mais bien mièvres!

ROXANE

Et ceci...

CYRANO, *ravi.*
Vous savez donc ses lettres par cœur?

ROXANE

Toutes!

CYRANO, *frisant sa moustache.*
Il n'y a pas à dire : c'est flatteur.

ROXANE

C'est un maître!

CYRANO, *modeste.*
Oh!... un maître!...

ROXANE, *péremptoire.*
Un maître!...

CYRANO, *saluant.*
Soit!... un maître!

LA DUÈGNE, *qui était remontée, redescendant vivement.*
1235 Monsieur de Guiche!
À Cyrano, le poussant vers la maison.
Entrez!... car il vaut mieux, peut-être,
Qu'il ne vous trouve pas ici; cela pourrait
Le mettre sur la piste...

ROXANE, *à Cyrano.*
Oui, de mon cher secret!
Il m'aime, il est puissant, il ne faut pas qu'il sache!
Il peut dans mes amours donner un coup de hache!

CYRANO, *entrant dans la maison.*
1240 Bien! bien! bien!
De Guiche paraît.

166

SCÈNE 2. ROXANE, DE GUICHE, LA DUÈGNE,
à l'écart.

ROXANE, *à de Guiche, lui faisant une révérence.*
Je sortais.

DE GUICHE
Je viens prendre congé.

ROXANE

Vous partez?

DE GUICHE
Pour la guerre.

ROXANE
Ah!

DE GUICHE
Ce soir.même.

ROXANE

Ah!

DE GUICHE

J'ai

Des ordres. On assiège Arras[1].

ROXANE
Ah!... on assiège?...

DE GUICHE
Oui... Mon départ a l'air de vous laisser de neige.

ROXANE, *poliment.*

Oh!...

---

1. *Arras :* ville du nord de la France devenue espagnole en 1492, reprise par les Français en 1640 et défendue contre les Espagnols en 1654.

DE GUICHE

Moi, je suis navré. Vous reverrai-je?... Quand?
1245 — Vous savez que je suis nommé mestre[1] de camp?

ROXANE, *indifférente.*

Bravo.

DE GUICHE

Du régiment des gardes.

ROXANE, *saisie.*

Ah! des gardes?

DE GUICHE

Où sert votre cousin, l'homme aux phrases vantardes
Je saurai me venger de lui, là-bas.

ROXANE, *suffoquée.*

Comment!

Les gardes vont là-bas?

DE GUICHE, *riant.*

Tiens! c'est mon régiment!

ROXANE, *tombant assise sur le banc — à part.*
1250 Christian!

DE GUICHE

Qu'avez-vous?

ROXANE, *tout émue.*

Ce... départ... me désespère!
Quand on tient à quelqu'un, le savoir à la guerre!

DE GUICHE, *surpris et charmé.*

Pour la première fois me dire un mot si doux,
Le jour de mon départ!

ROXANE, *changeant de ton et s'éventant.*

Alors, vous allez vous
Venger de mon cousin?...

---

1. *Mestre :* maître.

DE GUICHE, *souriant.*
On est pour lui?

ROXANE

Non, contre!

DE GUICHE

1255 Vous le voyez?

ROXANE

Très peu.

DE GUICHE

Partout on le rencontre
Avec un des cadets...
Il cherche le nom.

Ce Neu... villen... viller...

ROXANE

Un grand?

DE GUICHE

Blond.

ROXANE

Roux.

DE GUICHE

Beau!

ROXANE

Peuh!

DE GUICHE

Mais bête.

ROXANE

Il en a l'air!

Changeant de ton.
... Votre vengeance envers Cyrano, c'est peut-être
De l'exposer au feu, qu'il adore?... Elle est piètre!
1260 Je sais bien moi, ce qui lui serait sanglant!

DE GUICHE

C'est?...

169

ROXANE

Mais si le régiment, en partant, le laissait
Avec ses chers cadets, pendant toute la guerre,
À Paris, bras croisés! C'est la seule manière,
Un homme comme lui, de le faire enrager :
1265 Vous voulez le punir? privez-le de danger.

DE GUICHE

Une femme! une femme! il n'y a qu'une femme
Pour inventer ce tour!

ROXANE

      Il se rongera l'âme,
Et ses amis les poings, de n'être pas au feu :
Et vous serez vengé!

DE GUICHE, *se rapprochant.*

      Vous m'aimez donc un peu!

Elle sourit.

1270 Je veux voir dans ce fait d'épouser ma rancune
Une preuve d'amour, Roxane!

ROXANE

      C'en est une.

DE GUICHE, *montrant plusieurs plis cachetés.*

J'ai les ordres sur moi qui vont être transmis
À chaque compagnie, à l'instant même, hormis...
Il en détache un.
Celui-ci! C'est celui des cadets.
Il le met dans sa poche.

      Je le garde.

Riant.

1275 Ah! ah! ah! Cyrano!... Son humeur bataillarde[1]!...
— Vous jouez donc des tours aux gens, vous?...

---

1. *Bataillarde :* batailleuse.

ROXANE, *le regardant.*

Quelquefois.

DE GUICHE, *tout près d'elle.*

Vous m'affolez! Ce soir — écoutez — oui, je dois
Être parti. Mais fuir quand je vous sens émue!...
Écoutez. Il y a, près d'ici, dans la rue
1280 D'Orléans, un couvent fondé par le syndic[1]
Des capucins, le Père Athanase. Un laïc
N'y peut entrer. Mais les bons Pères, je m'en charge!
Ils peuvent me cacher dans leur manche: elle est large.
Ce sont les capucins qui servent Richelieu
1285 Chez lui; redoutant l'oncle, ils craignent le neveu.
On me croira parti. Je viendrai sous le masque.
Laissez-moi retarder d'un jour, chère fantasque!

ROXANE, *vivement.*

Mais si cela s'apprend, votre gloire...

DE GUICHE

Bah!

ROXANE

Mais

Le siège, Arras...

DE GUICHE

Tant pis! Permettez!

ROXANE

Non!

DE GUICHE

Permets!

ROXANE, *tendrement.*

1290 Je dois vous le défendre!

---

1. *Syndic :* représentant principal.

171

DE GUICHE
Ah!

ROXANE
Partez!

À part.

Christian reste.

Haut.
Je vous veux héroïque — Antoine[1]!

DE GUICHE
Mot céleste!

Vous aimez donc celui?...

ROXANE
Pour lequel j'ai frémi.

DE GUICHE, *transporté de joie.*

Ah! je pars!
Il lui baise la main.
Êtes-vous contente?

ROXANE
Oui, mon ami!

LA DUÈGNE, *lui faisant dans le dos une révérence comique.*
Oui, mon ami!

ROXANE, *à la duègne.*
Taisons ce que je viens de faire :
1295 Cyrano m'en voudrait de lui voler sa guerre!
Elle appelle vers la maison.
Cousin!

---

1. *Antoine :* tel était en effet le prénom du comte de Guiche, Antoine de
Gramont. C'est aussi une allusion à la manière héroïque dont s'appelaient les
héros précieux et à leur passion pour l'Antiquité.

172

SCÈNE 3. ROXANE, LA DUÈGNE, CYRANO.

ROXANE
Nous allons chez Clomire.
Elle désigne la porte d'en face.

Alcandre y doit
Parler, et Lysimon[1]!

LA DUÈGNE, *mettant son petit doigt dans son oreille.*
Oui! mais mon petit doigt
Dit qu'on va les manquer!

CYRANO, *à Roxane.*
Ne manquez pas ces singes.
Ils sont arrivés devant la porte de Clomire.

LA DUÈGNE, *avec ravissement.*
Oh! voyez! le heurtoir est entouré de linges!...
Au heurtoir.
1300 On vous a bâillonné pour que votre métal
Ne troublât pas les beaux discours — petit brutal!
Elle le soulève avec des soins infinis et frappe doucement.

ROXANE, *voyant qu'on ouvre.*
Entrons!
Du seuil, à Cyrano.
Si Christian vient, comme je le présume,
Qu'il m'attende!

CYRANO, *vivement, comme elle va disparaître.*
Ah!...
Elle se retourne.
Sur quoi, selon votre coutume,
Comptez-vous aujourd'hui l'interroger?

---

1. *Alcandre ... Lysimon :* prénoms masculins toujours dans le style du temps,
classique et précieux.

ROXANE

Sur...

CYRANO, *vivement.*

Sur?

ROXANE

1305 Mais vous serez muet, là-dessus?

CYRANO

Comme un mur.

ROXANE

Sur rien! Je vais lui dire : Allez! Partez sans bride!
Improvisez. Parlez d'amour. Soyez splendide!

CYRANO, *souriant.*

Bon.

ROXANE

Chut!...

CYRANO

Chut!...

ROXANE

Pas un mot!
Elle rentre et referme la porte.

CYRANO, *la saluant, la porte une fois fermée.*

En vous remerciant!
La porte se rouvre et Roxane passe la tête.

ROXANE

Il se préparerait!...

CYRANO

Diable, non!...

TOUS LES DEUX, *ensemble.*

Chut!...

La porte se ferme.

CYRANO, *appelant.*

Christian.

174

SCÈNE 4. CYRANO, CHRISTIAN.

CYRANO, *vite, à Christian.*

1310 Je sais tout ce qu'il faut. Prépare ta mémoire.
Voici l'occasion de se couvrir de gloire.
Ne perdons pas de temps. Ne prends pas l'air grognon.
Vite, rentrons chez toi, je vais t'apprendre...

CHRISTIAN

Non!

CYRANO

Hein?

CHRISTIAN

Non! J'attends Roxane ici.

CYRANO

De quel vertige
1315 Es-tu frappé? Viens vite apprendre...

CHRISTIAN

Non, te dis-je!
Je suis las d'emprunter mes lettres, mes discours,
Et de jouer ce rôle, et de trembler toujours!
C'était bon au début! Mais je sens qu'elle m'aime!
Merci. Je n'ai plus peur. Je vais parler moi-même.

CYRANO

1320 Ouais!

CHRISTIAN

Et qui te dit que je ne saurai pas?
Je ne suis pas si bête, à la fin! Tu verras!
Mais, mon cher, tes leçons m'ont été profitables.
Je saurai parler seul! Et, de par tous les diables,
Je saurai bien toujours la prendre dans mes bras!
Apercevant Roxane, qui ressort de chez Clomire.
1325 C'est elle! Cyrano, non, ne me quitte pas!

175

CYRANO, *le saluant.*

Parlez tout seul, Monsieur.
Il disparaît derrière le mur du jardin.

SCÈNE 5. CHRISTIAN, ROXANE, QUELQUES PRÉCIEUX *et* PRÉCIEUSES, *et* LA DUÈGNE, *un instant.*

ROXANE, *sortant de la maison de Clomire avec une compagne qu'elle quitte : révérences et saluts.*

Barthénoïde! — Alcandre! —
Grémione!...

LA DUÈGNE, *désespérée.*

On a manqué le discours sur le Tendre!
Elle rentre chez Roxane.

ROXANE, *saluant encore.*

Urimédonte... Adieu!...
Tous saluent Roxane, se resaluent entre eux, se séparent et s'éloignent par différentes rues. Roxane voit Christian.

C'est vous!
Elle va à lui.

Le soir descend.
Attendez. Ils sont loin. L'air est doux. Nul passant.
1330 Asseyons-nous. Parlez. J'écoute.

CHRISTIAN, *s'assied près d'elle, sur le banc. Un silence.*

Je vous aime.

ROXANE, *fermant les yeux.*

Oui, parlez-moi d'amour.

CHRISTIAN

Je t'aime.

ROXANE

C'est le thème.
Brodez, brodez.

CHRISTIAN

Je vous...

ROXANE

Brodez!

CHRISTIAN

Je t'aime tant.

ROXANE

Sans doute. Et puis?

CHRISTIAN

Et puis... je serais si content
Si vous m'aimiez! — Dis-moi, Roxane, que tu m'aimes!

ROXANE, *avec une moue.*

1335 Vous m'offrez du brouet[1] quand j'espérais des crèmes!
Dites un peu comment vous m'aimez?

CHRISTIAN

Mais... beaucoup.

ROXANE

Oh!... Délabyrinthez[2] vos sentiments!

CHRISTIAN, *qui s'est rapproché et dévore des yeux*
la nuque blonde.

Ton cou!

Je voudrais l'embrasser!..

ROXANE

Christian.

CHRISTIAN

Je t'aime!

ROXANE, *voulant se lever.*

Encore!

---

1. *Brouet :* bouillon ou potage sans grande saveur.
2. *Délabyrinthez :* cette création verbale de Rostand (plus que la littérature précieuse) a le mérite de suggérer le processus de la cure psychanalytique par la parole. À l'époque de la rédaction de *Cyrano*, Freud a déjà commencé ses travaux.

177

CHRISTIAN, *vivement, la retenant.*

Non, je ne t'aime pas!

ROXANE, *se rasseyant.*

C'est heureux!

CHRISTIAN

Je t'adore!

ROXANE, *se levant et s'éloignant.*

1340 Oh!

CHRISTIAN

Oui... je deviens sot!

ROXANE, *sèchement.*

Et cela me déplaît!

Comme il me déplairait que vous devinssiez laid.

CHRISTIAN

Mais...

ROXANE

Allez rassembler votre éloquence en fuite!

CHRISTIAN

Je...

ROXANE

Vous m'aimez, je sais. Adieu.
Elle va vers la maison.

CHRISTIAN

Pas tout de suite!

Je vous dirai...

ROXANE, *poussant la porte pour entrer.*

Que vous m'adorez... oui, je sais.

1345 Non! non! Allez-vous-en!

CHRISTIAN

Mais je...

Elle lui ferme la porte au nez.

CYRANO, *qui depuis un moment est rentré sans être vu.*

C'est un succès.

178

Acte III Scènes 1 à 5

OUVERTURE

1. Chaque acte — ou plus exactement chaque « tableau » (nouveau lien ou nouvelle ambiance) — porte un titre qui ne correspond pas tout à fait à une indication de lieu ou de personnage, mais à une périphrase. Quelle est la fonction de celle-ci ?

2. Étudiez les premiers vers de la scène 1. Pourquoi commencer ainsi en pleine action ? Quel laps de temps a pu s'écouler entre l'acte II et l'acte III ?

CYRANO ET SON AUTRE (sc. 1)

3. Comment se passe cette première confrontation de Cyrano avec son nouveau personnage ? Comment joue-t-il les deux rôles à la fois ? À quoi correspondent plus profondément ces deux « moi » en dialogue ?

4. Sur quoi repose le comique de cette scène ?

ROXANE ET DE GUICHE (sc. 2)

5. Quelle manœuvre tente Roxane ?

6. Les scènes dont Cyrano est absent ont-elles le même brio que les autres ? Comment Rostand peut-il compenser dramaturgiquement cette absence ?

POÉSIE PRÉCIEUSE

7. Le jugement de Cyrano à propos des poètes précieux vous surprend-il ? Pourquoi ? Que reproche-t-il à « ces singes » (v. 1298) ? Pourquoi n'est-il pas lui-même invité à ces débats ?

8. Cherchez dans la pièce quelques exemples de vers précieux dont

Rostand fait une parodie amusée. Quelles figures de rhétorique ce style précieux affectionne-t-il particulièrement ?

9. Pourquoi est-il question de poésie précieuse juste avant que Christian décide de jouer la franchise ? Que laissent présumer les scènes 3 et 4 sur le rendez-vous à venir ?

10. Comment se nomme la figure de style employée par Christian au vers 1339 ? Pourquoi cette phrase suscite-t-elle l'intérêt de Roxane avant qu'elle ne soit définitivement déçue ?

11. Au début de sa liaison, Roxane semble essentiellement sensible à la beauté physique. Montrez que cette impression doit être nuancée. Comment expliquez-vous la contradiction entre la passion physique de Roxane et son goût pour la parole précieuse ?

SCÈNE 6.   CHRISTIAN, CYRANO, LES PAGES,
un instant.

CHRISTIAN

Au secours!

CYRANO

Non, Monsieur.

CHRISTIAN

Je meurs si je ne rentre
En grâce, à l'instant même...

CYRANO

Et comment puis-je, diantre!
Vous faire, à l'instant même, apprendre?...

CHRISTIAN, *lui saisissant le bras.*

Oh! là, tiens, vois!

La fenêtre du balcon s'est éclairée.

CYRANO, *ému.*

Sa fenêtre!

CHRISTIAN, *criant.*

Je vais mourir!

CYRANO

Baissez la voix!

CHRISTIAN, *tout bas.*

1350 Mourir!...

CYRANO

La nuit est noire...

CHRISTIAN

Eh bien?

CYRANO

C'est réparable!
Vous ne méritez pas... Mets-toi là, misérable!
Là, devant le balcon! Je me mettrai dessous,
Et je te soufflerai tes mots.

181

CHRISTIAN

Mais...

CYRANO

Taisez-vous!

LES PAGES, *reparaissant au fond, à Cyrano.*

Hep!

CYRANO

Chut!...

Il leur fait signe de parler bas.

PREMIER PAGE, *à mi-voix.*

Nous venons de donner la sérénade

1355 À Montfleury!...

CYRANO, *bas, vite.*

Allez vous mettre en embuscade,

L'un à ce coin de rue, et l'autre à celui-ci;

Et si quelque passant gênant vient par ici,

Jouez un air!

DEUXIÈME PAGE

Quel air, monsieur le gassendiste[1]?

CYRANO

Joyeux pour une femme, et, pour un homme, triste!

Les pages disparaissent, un à chaque coin de rue. — À Christian.

1360 Appelle-la!

CHRISTIAN

Roxane!

CYRANO, *ramassant des cailloux qu'il jette dans les vitres.*

Attends! Quelques cailloux.

---

1. *Gassendiste* : disciple de Gassendi (voir note 2 p. 163).

SCÈNE 7. ROXANE, CHRISTIAN, CYRANO,
d'abord caché sous le balcon.

ROXANE, *entrouvrant sa fenêtre.*
Qui donc m'appelle?

CHRISTIAN
Moi.

ROXANE
Qui moi?

CHRISTIAN
Christian.

ROXANE, *avec dédain.*
C'est vous?

CHRISTIAN
Je voudrais vous parler.

CYRANO, *sous le balcon, à Christian.*
Bien. Bien. Presque à voix basse.

ROXANE
Non! Vous parlez trop mal. Allez-vous-en!

CHRISTIAN
De grâce!

ROXANE
Non! Vous ne m'aimez plus!

CHRISTIAN, *à qui Cyrano souffle ses mots.*
M'accuser, — justes dieux!
1365 De n'aimer plus... quand... j'aime plus!

ROXANE, *qui allait refermer sa fenêtre, s'arrêtant.*
Tiens, mais c'est mieux!

CHRISTIAN, *même jeu.*
L'amour grandit bercé dans mon âme inquiète.
Que ce... cruel marmot prit pour... barcelonnette[1]!

ROXANE, *s'avançant sur le balcon.*
C'est mieux! Mais puisqu'il est cruel, vous fûtes sot
De ne pas, cet amour, l'étouffer au berceau!

CHRISTIAN, *même jeu.*
1370 Aussi l'ai-je tenté, mais... tentative nulle :
Ce... nouveau-né, Madame, est un petit... Hercule[2].

ROXANE
C'est mieux!

CHRISTIAN, *même jeu.*
De sorte qu'il... strangula comme rien..
Les deux serpents... Orgueil et... Doute[3].

ROXANE, *s'accoudant au balcon.*
Ah! c'est très bien.
Mais pourquoi parlez-vous de façon peu hâtive?
1375 Auriez-vous donc la goutte à l'imaginative[4]?

CYRANO, *tirant Christian sous le balcon et se glissant à sa place.*
Chut! Cela devient trop difficile!

ROXANE
Aujourd'hui...
Vos mots sont hésitants. Pourquoi?

---

1. *Barcelonnette* : petit lit suspendu dans lequel on peut bercer un enfant.
2. Métaphore inépuisable à l'âge classique que cet amour naissant et prenant vite des forces (voir aussi Arlequin dans *le Jeu de l'amour et du hasard* de Marivaux : « Un amour de votre façon ne reste pas longtemps au berceau... » (II, 3).
3. Allusion aux serpents qu'Hercule étrangla dans son berceau. La personnification (ex. : « Orgueil », « Doute ») est une figure de l'écriture précieuse.
4. *Auriez-vous... imaginative* : avez-vous l'imagination faible (ou paralysée) ?

CYRANO, *parlant à mi-voix, comme Christian.*
C'est qu'il fait nuit,
Dans cette ombre, à tâtons, ils cherchent votre oreille.

ROXANE
Les miens n'éprouvent pas difficulté pareille.

CYRANO
1380 Ils trouvent tout de suite? Oh! cela va de soi,
Puisque c'est dans mon cœur, eux, que je les reçoi[1];
Or, moi, j'ai le cœur grand, vous, l'oreille petite.
D'ailleurs vos mots à vous descendent : ils vont vite,
Les miens montent, Madame : il leur faut plus de temps!

ROXANE
1385 Mais ils montent bien mieux depuis quelques instants.

CYRANO
De cette gymnastique, ils ont pris l'habitude!

ROXANE
Je vous parle, en effet, d'une vraie altitude!

CYRANO
Certe[2], et vous me tueriez si de cette hauteur
Vous me laissiez tomber un mot dur sur le cœur!

ROXANE, *avec un mouvement.*
1390 Je descends!

CYRANO, *vivement.*
Non!

ROXANE, *lui montrant le banc qui est sous le balcon.*
Grimpez sur le banc, alors, vite!

CYRANO, *reculant avec effroi dans la nuit.*
Non!

ROXANE
Comment... non?

---

1. *Reçoi :* licence orthographique favorisant la rime « pour l'œil ».
2. *Certe :* orthographe archaïque pour « certes ».

Cyrano (Jacques Weber) et Roxane (Charlotte de Turkheim).
Mise en scène de J. Savary. Théâtre Mogador, 1983.

CYRANO, *que l'émotion gagne de plus en plus.*
                    Laissez un peu que l'on profite...
De cette occasion qui s'offre... de pouvoir
Se parler doucement sans se voir.

ROXANE
                    Sans se voir?

CYRANO
Mais oui, c'est adorable. On se devine à peine.
1395 Vous voyez la noirceur d'un long manteau qui traîne,
J'aperçois la blancheur d'une robe d'été :
Moi je ne suis qu'une ombre, et vous qu'une clarté!
Vous ignorez pour moi ce que sont ces minutes!
Si quelquefois je fus éloquent...

ROXANE
                  Vous le fûtes!

CYRANO
1400 Mon langage jamais jusqu'ici n'est sorti
De mon vrai cœur...

ROXANE
         Pourquoi?

CYRANO
                Parce que... jusqu'ici
Je parlais à travers...

ROXANE
     Quoi?

CYRANO
             ... le vertige où tremble
Quiconque est sous vos yeux!... Mais, ce soir, il me semble...
Que je vais vous parler pour la première fois!

ROXANE
1405 C'est vrai que vous avez une tout autre voix.

CYRANO, *se rapprochant avec fièvre.*
Oui, tout autre, car dans la nuit qui me protège
J'ose être enfin moi-même, et j'ose...
Il s'arrête et, avec égarement.
                  Où en étais-je?

187

Je ne sais... tout ceci, — pardonnez mon émoi, —
C'est si délicieux... c'est si nouveau pour moi!

ROXANE

1410 Si nouveau?

CYRANO, *bouleversé, et essayant toujours de rattraper ses mots.*
Si nouveau... mais oui... d'être sincère :
La peur d'être raillé, toujours au cœur me serre...

ROXANE

Raillé de quoi?

CYRANO

Mais de... d'un élan!... Oui, mon cœur,
Toujours, de mon esprit s'habille, par pudeur :
Je pars pour décrocher l'étoile, et je m'arrête
1415 Par peur du ridicule, à cueillir la fleurette[1]!

ROXANE

La fleurette a du bon.

CYRANO

Ce soir, dédaignons-la!

ROXANE

Vous ne m'aviez jamais parlé comme cela!

CYRANO

Ah! si, loin des carquois, des torches et des flèches,
On se sauvait un peu vers des choses... plus fraîches!
1420 Au lieu de boire goutte à goutte, en un mignon
Dé à coudre d'or fin, l'eau fade du Lignon[2],
Si l'on tentait de voir comment l'âme s'abreuve
En buvant largement à même le grand fleuve!

---

1. *Fleurette* : le terme est pris ici, du moins pour Roxane, au sens vieilli de
« propos galant » (« conter fleurette »).
2. *Lignon* : nom d'une rivière célébrée dans le roman précieux *l'Astrée.*

ROXANE

Mais l'esprit?...

CYRANO

J'en ai fait pour vous faire rester
1425 D'abord, mais maintenant ce serait insulter
Cette nuit, ces parfums, cette heure, la Nature,
Que de parler comme un billet doux de Voiture!
Laissons, d'un seul regard de ses astres, le ciel
Nous désarmer de tout notre artificiel :
1430 Je crains tant que parmi notre alchimie exquise
Le vrai du sentiment ne se volatilise,
Que l'âme ne se vide à ces passe-temps vains,
Et que le fin du fin ne soit la fin des fins!

ROXANE

Mais l'esprit?...

CYRANO

Je le hais, dans l'amour! C'est un crime,
1435 Lorsqu'on aime, de trop prolonger cette escrime!
Le moment vient d'ailleurs inévitablement,
— Et je plains ceux pour qui ne vient pas ce moment!
Où nous sentons qu'en nous un amour noble existe
Que chaque joli mot que nous disons rend triste!

ROXANE

1440 Eh bien! si ce moment est venu pour nous deux,
Quels mots me direz-vous?

CYRANO

Tous ceux, tous ceux, tous ceux
Qui me viendront, je vais vous les jeter, en touffe,
Sans les mettre en bouquets : je vous aime, j'étouffe,
Je t'aime, je suis fou, je n'en peux plus, c'est trop;
1445 Ton nom est dans mon cœur comme dans un grelot,
Et comme tout le temps, Roxane, je frissonne,
Tout le temps, le grelot s'agite, et le nom sonne!
De toi, je me souviens de tout, j'ai tout aimé :
Je sais que l'an dernier, un jour, le douze mai,
1450 Pour sortir le matin tu changeas de coiffure!
J'ai tellement pris pour clarté ta chevelure

189

Que, comme lorsqu'on a trop fixé le soleil,
On voit sur toute chose ensuite un rond vermeil,
Sur tout, quand j'ai quitté les feux dont tu m'inondes,
1455 Mon regard ébloui pose des taches blondes!

ROXANE, *d'une voix troublée.*
Oui, c'est bien de l'amour...

CYRANO
Certes, ce sentiment
Qui m'envahit, terrible et jaloux, c'est vraiment
De l'amour, il en a toute la fureur triste[1]!
De l'amour, — et pourtant il n'est pas égoïste!
1460 Ah! que pour ton bonheur je donnerais le mien,
Quand même tu devrais n'en savoir jamais rien,
S'il se pouvait, parfois, que de loin, j'entendisse
Rire un peu le bonheur né de mon sacrifice!
— Chaque regard de toi suscite une vertu
1465 Nouvelle, une vaillance en moi! Commences-tu
À comprendre, à présent? Voyons, te rends-tu compte?
Sens-tu mon âme, un peu, dans cette ombre, qui monte?
Oh! mais vraiment, ce soir, c'est trop beau, c'est trop doux!
Je vous dis tout cela, vous m'écoutez, moi, vous!
1470 C'est trop! Dans mon espoir même le moins modeste,
Je n'ai jamais espéré tant! Il ne me reste
Qu'à mourir maintenant! C'est à cause des mots
Que je dis qu'elle tremble entre les bleus rameaux!
Car vous tremblez, comme une feuille entre les feuilles!
1475 Car tu trembles! car j'ai senti, que tu le veuilles
Ou non, le tremblement adoré de ta main
Descendre tout le long des branches du jasmin!
Il baise éperdument l'extrémité d'une branche pendante.

ROXANE
Oui, je tremble, et je pleure, et je t'aime, et suis tienne!
Et tu m'as enivrée!

---

1. Réminiscence probable du vers de la *Phèdre* de Racine : « De l'amour j'ai
toutes les fureurs » (v. 259).

CYRANO

Alors, que la mort vienne!
1480 Cette ivresse, c'est moi, moi, qui l'ai su causer!
Je ne demande plus qu'une chose...

CHRISTIAN, *sous le balcon.*

Un baiser!

ROXANE, *se rejetant en arrière.*

Hein?

CYRANO

Oh!

ROXANE

Vous demandez?

CYRANO

Oui... je...

À Christian.

Tu vas trop vite.

CHRISTIAN

Puisqu'elle est si troublée, il faut que j'en profite!

CYRANO, *à Roxane.*

Oui, je... j'ai demandé, c'est vrai... mais justes cieux!
1485 Je comprends que je fus bien trop audacieux.

ROXANE, *un peu déçue.*

Vous n'insistez pas plus que cela?

CYRANO

Si! j'insiste...
Sans insister!... Oui, oui! votre pudeur s'attriste!
Eh bien! mais, ce baiser... ne me l'accordez pas!

CHRISTIAN, *à Cyrano, le tirant par son manteau.*

Pourquoi?

CYRANO

Tais-toi, Christian !

ROXANE, *se penchant.*

Que dites-vous tout bas?

191

CYRANO

1490 Mais d'être allé trop loin, moi-même je me gronde !
Je me disais : tais-toi, Christian !..

Les théorbes se mettent à jouer.

Une seconde !...

On vient !

Roxane referme la fenêtre. Cyrano écoute les théorbes, dont l'un joue un air folâtre et l'autre un air lugubre.

Air triste ? Air gai ?... Quel est donc leur dessein ?

Est-ce un homme ? Une femme ? — Ah ! c'est un capucin !

Entre un capucin qui va de maison en maison, une lanterne à la main, regardant les portes.

192

Acte III Scène 7

LA VIRTUOSITÉ PRÉCIEUSE...

1. Étudiez la scène 7 en fonction des réactions de Roxane au discours de Christian-Cyrano où la préciosité tient lieu de précision.

2. Une des techniques du discours précieux est de filer la métaphore avec le plus d'originalité et de persévérance possible. Recherchez quelques-unes de ces métaphores dans les répliques de Christian-Cyrano et imaginez leurs sens dérivés.

3. Montrez comment la situation physique des personnages et la théâtralité sont utilisées au mieux pour dire l'impossibilité du rapprochement.

4. Quel est l'objet du désir de Roxane dans la scène 7 ?

5. Expliquez la métaphore suivante « boire à même le grand fleuve » (v. 1423). Quel type de discours et quelle réalité Cyrano réclame-t-il ? Comment ressent-il la littérature précieuse dont il se sert ?
Montrez que Cyrano est, lui aussi, prisonnier d'une rhétorique et d'un discours qui le contraignent, l'empêchent de parler ouvertement à autrui.

... UNE ÉTAPE À DÉPASSER

6. Si, comme l'affirme Cyrano, on ne peut dire l'amour sans être triste (v. 1439), comment alors le manifester ?

7. Montrez que la tragédie de Cyrano tient peut-être dans l'impossibilité d'exprimer l'amour sans le détour précieux.

8. En quoi le style de la déclaration d'amour (v. 1441 à 1455) diffère-t-il des propos spirituels et galants précédents ? Vous analyserez notamment le rythme, le lyrisme, etc.

LA « GRANDE SCÈNE » ENTRE TOUTES

9. Située au cœur de l'acte et de la pièce, la scène 7 en est le sommet dramatique, le moment de la plus intense émotion lyrique. Relevez les moyens gestuels, vocaux, parodiques qui contribuent à animer la

scène. Montrez que la rhétorique, au théâtre, n'est pas seulement
affaire de mots mais aussi de mise en place et d'expression corporelle.

10. Comment l'absence et la présence de Christian se font-elles sentir
dans le discours de Cyrano ? Si vous étiez metteur en scène, comment
feriez-vous réagir Christian ?

11. Analysez l'acte de communication et le rapport du langage à
l'affectivité en fonction de cette situation à trois personnages.

SCÈNE 8. CYRANO, CHRISTIAN, UN CAPUCIN.

CYRANO, *au capucin.*
Quel est ce jeu renouvelé de Diogène[1]?

LE CAPUCIN
1495 Je cherche la maison de madame...

CHRISTIAN
Il nous gêne!

LE CAPUCIN
Magdeleine Robin...

CHRISTIAN
Que veut-il?

CYRANO, *lui montrant une rue montante.*
Par ici!
Tout droit, toujours tout droit...

LE CAPUCIN
Je vais pour vous — merci! —
Dire mon chapelet jusqu'au grain majuscule.
Il sort.

CYRANO
Bonne chance! Mes vœux suivent votre cuculle[2]!
Il redescend vers Christian.

1. *Diogène* : philosophe grec surnommé le Cynique (v. 413-323 av. J.-C.) célèbre pour son mépris des hommes. Rencontré un jour dans une rue d'Athènes, muni d'une lanterne en plein jour, il déclara : « Je cherche un homme ».
2. *Cuculle* : capuchon de moine.

SCÈNE 9.   CYRANO, CHRISTIAN.

CHRISTIAN

1500 Obtiens-moi ce baiser!

CYRANO

Non!

CHRISTIAN

Tôt ou tard...

CYRANO

C'est vrai!

Il viendra, ce moment de vertige enivré
Où vos bouches iront l'une vers l'autre, à cause
De ta moustache blonde et de sa lèvre rose!
À lui-même.
J'aime mieux que ce soit à cause de...
Bruits des volets qui se rouvrent. Christian se cache sous le balcon.

SCÈNE 10.   CYRANO, CHRISTIAN, ROXANE.

ROXANE, *s'avançant sur le balcon.*

C'est vous?

1505 Nous parlions de... de ... d'un...

CYRANO

Baiser. Le mot est doux!

Je ne vois pas pourquoi votre lèvre ne l'ose;
S'il la brûle déjà, que sera-ce la chose?
Ne vous en faites pas un épouvantement :
N'avez-vous pas tantôt, presque insensiblement,
1510 Quitté le badinage et glissé sans alarmes
Du sourire au soupir, et du soupir aux larmes!
Glissez encore un peu d'insensible façon :
Des larmes au baiser il n'y a qu'un frisson!

196

ROXANE

Taisez-vous !

CYRANO

Un baiser, mais à tout prendre, qu'est-ce ?
1515 Un serment fait d'un peu plus près, une promesse
Plus précise, un aveu qui veut se confirmer,
Un point rose qu'on met sur l'i du verbe aimer ;
C'est un secret qui prend la bouche pour oreille,
Un instant d'infini qui fait un bruit d'abeille,
1520 Une communion ayant un goût de fleur,
Une façon d'un peu se respirer le cœur,
Et d'un peu se goûter, au bord des lèvres, l'âme !

ROXANE

Taisez-vous !

CYRANO

Un baiser, c'est si noble, Madame,
Que la reine de France, au plus heureux des lords,
1525 En a laissé prendre un, la reine même !

ROXANE

Alors !

CYRANO, s'exaltant.
J'eus comme Buckingham des souffrances muettes,
J'adore comme lui la reine que vous êtes,
Comme lui je suis triste fidèle[1]...

ROXANE

Et tu es
Beau comme lui !

CYRANO, à part, dégrisé.
C'est vrai, je suis beau, j'oubliais !

---

1. Allusion aux amours de Buckingham et Anne d'Autriche, relatés dans *les Trois Mousquetaires* de Dumas (1844).

ROXANE

1530 Eh bien! montez cueillir cette fleur sans pareille...

CYRANO, *poussant Christian vers le balcon.*

Monte!

ROXANE

Ce goût de cœur...

CYRANO

Monte!

ROXANE

Ce bruit d'abeille...

CYRANO

Monte!

CHRISTIAN, *hésitant.*

Mais il me semble, à présent, que c'est mal.

ROXANE

Cet instant d'infini!...

CYRANO, *le poussant.*

Monte donc, animal!

Christian s'élance, et par le banc, le feuillage, les piliers, atteint les balustres qu'il enjambe.

CHRISTIAN

Ah! Roxane!

Il l'enlace et se penche sur ses lèvres.

CYRANO

Aïe! au cœur, quel pincement bizarre!

1535 — Baiser, festin d'amour dont je suis le Lazare[1]!
Il me vient de cette ombre une miette de toi, —
Mais oui, je sens un peu mon cœur qui te reçoit,
Puisque sur cette lèvre où Roxane se leurre

---

1. Lazare n'avait pour se nourrir que les miettes du festin des riches.

Elle baise les mots que j'ai dits tout à l'heure!
On entend les théorbes.
1540 Un air triste, un air gai : le capucin!
Il feint de courir comme s'il arrivait de loin, et d'une voix claire.

Holà!

Roxane (Anne Brochet) et Christian (Vincent Perez)
dans le film de Jean-Paul Rappeneau, 1990.

ROXANE

Qu'est-ce?

CYRANO

Moi. Je passais... Christian est encor là?

CHRISTIAN, *très étonné.*

Tiens, Cyrano!

ROXANE

Bonjour, cousin!

CYRANO

Bonjour, cousine!

ROXANE

Je descends!

Elle disparaît dans la maison. Au fond rentre le capucin.

CHRISTIAN, *l'apercevant.*

Oh! encor!

Il suit Roxane.

SCÈNE 11.   CYRANO, CHRISTIAN, ROXANE, LE CAPUCIN, RAGUENEAU.

LE CAPUCIN

C'est ici — je m'obstine —

Magdeleine Robin!

CYRANO

Vous aviez dit : Ro-*lin.*

LE CAPUCIN

1545   Non : *Bin.* B, i, n *bin!*

ROXANE, *paraissant sur le seuil de la maison, suivie de Ragueneau, qui porte une lanterne, et de Christian.*

Qu'est-ce?

200

LE CAPUCIN
Une lettre.

CHRISTIAN
                    Hein?

LE CAPUCIN, *à Roxane.*
Oh! il ne peut s'agir que d'une sainte chose!
C'est un digne seigneur qui...

ROXANE, *à Christian.*
                    C'est de Guiche!

CHRISTIAN
                              Il ose?

ROXANE
Oh! mais il ne va pas m'importuner toujours!
Décachetant la lettre.
1550 Je t'aime, et si...
À la lueur de la lanterne de Ragueneau, elle lit, à l'écart, à voix basse.
            « Mademoiselle,
                    Les tambours
Battent; mon régiment boucle sa soubreveste[1];
Il part; moi, l'on me croit déjà parti : je reste.
Je vous désobéis. Je suis dans ce couvent.
Je vais venir, et vous le mande[2] auparavant
1555 Par un religieux simple comme une chèvre
Qui ne peut rien comprendre à ceci. Votre lèvre
M'a trop souri tantôt : j'ai voulu la revoir.
Éloignez un chacun, et daignez recevoir
L'audacieux déjà pardonné, je l'espère.
1560 Qui signe votre très... et cætera... »
Au capucin.

                              Mon père,

---

1. *Soubreveste :* longue veste sans manches que portaient notamment les mousquetaires.
2. *Vous le mande :* vous le fais savoir.

Voici ce que me dit cette lettre. Écoutez.

Tous se rapprochent, elle lit à haute voix.

« Mademoiselle,

Il faut souscrire aux volontés
Du Cardinal, si dur que cela vous puisse être.
C'est la raison pourquoi[1] j'ai fait choix, pour remettre
1565 Ces lignes en vos mains charmantes, d'un très saint,
D'un très intelligent et discret capucin;
Nous voulons qu'il vous donne, et dans votre demeure,
La bénédiction

Elle tourne la page.

nuptiale, sur l'heure.
Christian doit en secret devenir votre époux;
1570 Je vous l'envoie. Il vous déplaît. Résignez-vous.
Songez bien que le Ciel bénira votre zèle,
Et tenez pour tout assuré, mademoiselle,
Le respect de celui qui fut et qui sera
Toujours votre très humble et très... et cætera. »

LE CAPUCIN, *rayonnant.*

1575 Digne seigneur!... Je l'avais dit. J'étais sans crainte!
Il ne pouvait s'agir que d'une chose sainte!

ROXANE, *bas à Christian.*

N'est-ce pas que je lis très bien les lettres?

CHRISTIAN

Hum!

ROXANE, *haut, avec désespoir.*

Ah! c'est affreux!

LE CAPUCIN, *qui a dirigé sur Cyrano la clarté de sa lanterne.*

C'est vous?

---

1. *Pourquoi :* pour laquelle.

CHRISTIAN
C'est moi!

LE CAPUCIN, *tournant la lumière vers lui, et, comme si un doute lui venait, en voyant sa beauté.*

Mais...

ROXANE, *vivement.*

Post-scriptum :
« Donnez pour le couvent cent vingt pistoles. »

LE CAPUCIN

Digne,

1580 Digne seigneur!
À Roxane.

Résignez-vous!

ROXANE, *en martyre.*

Je me résigne!

Pendant que Ragueneau ouvre la porte au capucin que Christian invite à entrer, elle dit bas à Cyrano :

Vous, retenez ici de Guiche! Il va venir!
Qu'il n'entre pas tant que...

CYRANO
Compris!

Au capucin.

Pour les bénir

Il vous faut?...

LE CAPUCIN
Un quart d'heure.

CYRANO, *les poussant tous vers la maison.*

Allez! moi, je demeure!

ROXANE, *à Christian.*

Viens!
Ils entrent.

203

SCÈNE 12. CYRANO, *seul.*

CYRANO

Comment faire perdre à de Guiche un quart d'heure?
Il se précipite sur le banc, grimpe au mur, vers le balcon.
1585 Là!... Grimpons!... J'ai mon plan!
Les théorbes se mettent à jouer une phrase lugubre.

Ho! c'est un homme!

Le trémolo devient sinistre.

Ho! ho!

Cette fois, c'en est un!...
*Il est sur le balcon, il rabaisse son feutre sur ses yeux, ôte son épée, se
drape dans sa cape, puis se penche et regarde au-dehors.*

Non, ce n'est pas trop haut!

*Il enjambe les balustres et attirant à lui la longue branche d'un des
arbres qui débordent le mur du jardin, il s'y accroche des deux mains,
prêt à se laisser tomber.*
Je vais légèrement troubler cette atmosphère!

SCÈNE 13. CYRANO, DE GUICHE.

DE GUICHE, *qui entre, masqué, tâtonnant dans la nuit.*
Qu'est-ce que ce maudit capucin peut bien faire?

CYRANO

Diable! et ma voix?... S'il la reconnaissait?
Lâchant d'une main, il a l'air de tourner une invisible clef.

Cric! crac!

Solennellement.
1590 Cyrano, reprenez l'accent de Bergerac!

DE GUICHE, *regardant la maison.*
Oui, c'est là. J'y vois mal. Ce masque m'importune.

Il va pour entrer. Cyrano saute du balcon en se tenant à la branche, qui plie et le dépose entre la porte et de Guiche; il feint de tomber lourdement, comme si c'était de très haut, et s'aplatit par terre, où il reste immobile, comme étourdi. De Guiche fait un bond en arrière.
Hein? Quoi?
Quand il lève les yeux, la branche s'est redressée; il ne voit que le ciel; il ne comprend pas.

D'où tombe donc cet homme ?

CYRANO, *se mettant sur son séant, et avec l'accent de Gascogne.*

De la lune[1]!

DE GUICHE

De la?...

CYRANO

Quelle heure est-il?

DE GUICHE

N'a-t-il plus sa raison?

CYRANO

Quelle heure? Quel pays? Quel jour? Quelle saison?

DE GUICHE

1595 Mais...

CYRANO

Je suis étourdi!

DE GUICHE

Monsieur...

CYRANO

Comme une bombe

Je tombe de la lune!

---

1. Toutes ces inventions lunaires, Rostand les emprunte au roman de Cyrano de Bergerac, *États et Empires de la Lune.*

DE GUICHE, *impatienté.*
Ah çà! Monsieur!

CYRANO, *se relevant, d'une voix terrible.*
J'en tombe!

DE GUICHE, *reculant.*
Soit! soit! vous en tombez!... c'est peut-être un dément!

CYRANO, *marchant sur lui.*
Et je n'en tombe pas métaphoriquement!...

DE GUICHE
Mais...

CYRANO
Il y a cent ans, ou bien une minute, —
1600 J'ignore tout à fait ce que dura ma chute! —
J'étais dans cette boule à couleur de safran! —

DE GUICHE, *haussant les épaules.*
Oui... Laissez-moi passer!

CYRANO, *s'interposant.*
Où suis-je? Soyez franc!
Ne me déguisez rien! En quel lieu, dans quel site,
Viens-je de choir, Monsieur, comme un aérolithe[1]?

DE GUICHE
1605 Morbleu!...

CYRANO
Tout en cheyant[2] je n'ai pu faire choix
De mon point d'arrivée — et j'ignore où je chois!
Est-ce dans une lune ou bien dans une terre,
Que vient de m'entraîner le poids de mon postère[3]?

DE GUICHE
Mais je vous dis, Monsieur...

---

1. *Aérolithe* : météorite pierreux.
2. *Cheyant* : tombant. Forme archaïque du participe présent du verbe « choir ».
3. *Postère* : postérieur (mot argotique utilisé dès le XVIIe siècle).

CYRANO, *avec un cri de terreur qui fait reculer de Guiche.*
Ha! grand Dieu!... je crois voir
1610 Qu'on a dans ce pays le visage tout noir!...

DE GUICHE, *portant la main à son visage.*
Comment?

CYRANO, *avec une peur emphatique.*
Suis-je en Alger? Êtes-vous indigène?

DE GUICHE, *qui a senti son masque.*
Ce masque!...

CYRANO, *feignant de se rassurer un peu.*
Je suis donc dans Venise, ou dans Gêne[1]?

DE GUICHE, *voulant passer.*
Une dame m'attend!...

CYRANO, *complètement rassuré.*
Je suis donc à Paris.

DE GUICHE, *souriant malgré lui.*
Le drôle est assez drôle!

CYRANO
Ah! vous riez?

DE GUICHE
Je ris,
1615 Mais veux passer!

CYRANO, *rayonnant.*
C'est à Paris que je retombe!
Tout à fait à son aise, riant, s'époussetant, saluant.
J'arrive — excusez-moi — par la dernière trombe.
Je suis un peu couvert d'éther. J'ai voyagé.
J'ai les yeux tout remplis de poudre d'astres. J'ai
Aux éperons, encor, quelques poils de planète!

---

1. *Gêne* : autre orthographe pour « Gênes », destinée ici à favoriser la rime « pour l'œil ».

Cueillant quelque chose sur sa manche.

1620 Tenez, sur mon pourpoint, un cheveu de comète!...
Il souffle comme pour le faire envoler.

DE GUICHE, *hors de lui.*

Monsieur!...

CYRANO, *au moment où il va passer, tend sa jambe comme pour
y trouver quelque chose et l'arrête.*

Dans mon mollet je rapporte une dent
De la Grande Ourse — et comme, en frôlant le Trident,
Je voulais éviter une de ses trois lances,
Je suis allé tomber assis dans les Balances,

1625 Dont l'aiguille, à présent, là-haut, marque mon poids!
*Empêchant vivement de Guiche de passer et le prenant à un bouton du
pourpoint.*

Si vous serriez mon nez, Monsieur, entre vos doigts,
Il jaillirait du lait!

DE GUICHE

Hein? du lait?

CYRANO

De la Voie

Lactée!

DE GUICHE

Oh! par l'enfer!

CYRANO

C'est le ciel qui m'envoie!

Se croisant les bras.

Non! croiriez-vous, je viens de le voir en tombant,

1630 Que Sirius, la nuit, s'affuble d'un turban?
Confidentiel.

L'autre Ourse est trop petite encor pour qu'elle morde!
Riant.

J'ai traversé la Lyre en cassant une corde!
Superbe.

Mais je compte en un livre écrire tout ceci,
Et les étoiles d'or qu'en mon manteau roussi

1635 Je viens de rapporter à mes périls et risques,
Quand on l'imprimera, serviront d'astérisques!

DE GUICHE

À la parfin[1]... je veux...

CYRANO
Vous, je vous vois venir!

DE GUICHE

Monsieur!

CYRANO
Vous voudriez de ma bouche tenir
Comment la lune est faite, et si quelqu'un habite
1640 Dans la rotondité de cette cucurbite[2]?

DE GUICHE, *criant.*

Mais non! je veux...

CYRANO
Savoir comment j'y suis monté?
Ce fut par un moyen que j'avais inventé.

DE GUICHE, *découragé.*

C'est un fou!

CYRANO, *dédaigneux.*
Je n'ai pas refait l'aigle stupide
De Regiomontanus[3], ni le pigeon timide
1645 D'Archytas[4]!...

DE GUICHE
C'est un fou — mais c'est un fou savant.

CYRANO
Non, je n'imitai rien de ce qu'on fit avant!

---

1. *À la parfin :* à la fin.
2. *Cucurbite :* partie inférieure d'un alambic. Ici, employé au sens de courgette, concombre ou autre cucurbitacée.
3. *Regiomontanus :* pseudonyme d'un astronome allemand de Königsberg (*Regiomontanus* en latin) qui aurait inventé un aigle mécanique volant.
4. *Archytas :* philosophe grec, inventeur d'une colombe mécanique.

De Guiche a réussi à passer et il marche vers la porte de Roxane.
Cyrano le suit, prêt à l'empoigner.
J'inventai six moyens de violer l'azur vierge!

DE GUICHE, *se retournant.*

Six?

CYRANO, *avec volubilité.*

Je pouvais, mettant mon corps nu comme un cierge,
Le caparaçonner de fioles de cristal
1650 Toutes pleines des pleurs d'un ciel matutinal,
Et ma personne, alors, au soleil exposée,
L'astre l'aurait humée en humant la rosée[1]!

DE GUICHE, *surpris et faisant un pas vers Cyrano.*

Tiens! Oui, cela fait un!

CYRANO, *reculant pour l'entraîner de l'autre côté.*

Et je pouvais encor
Faire engouffrer du vent, pour prendre mon essor,
1655 En raréfiant l'air dans un coffre de cèdre
Par des miroirs ardents, mis en icosaèdre[2]!

DE GUICHE, *fait encore un pas.*

Deux!

CYRANO, *reculant toujours.*

Ou bien, machiniste autant qu'artificier,
Sur une sauterelle aux détentes d'acier,
Me faire, par des feux successifs de salpêtre,
1660 Lancer dans les prés bleus où les astres vont paître[3]!

---

1. Emprunt aux *États et Empires de la Lune* : « Je m'étais attaché autour de moi quantité de fioles pleines de rosée, et la chaleur du soleil qui les attirait m'éleva si haut qu'à la fin je me trouvai au-dessus des plus hautes nuées. »
2. *Icosaèdre* : polyèdre limité à vingt faces. « Quand le soleil débarrassé de nuages commença d'éclairer ma machine, cet icosaèdre transparent qui recevait à travers ses facettes les trésors du soleil en répandait par le bocal la lumière de ma cellule. » (*États et Empires du Soleil.*)
3. « La flamme ayant dévoré un rang de fusées [...] un autre étage s'embrasait, puis un autre, en sorte que le salpêtre embrasé éloignait le péril en le croisant » (*États et Empires de la Lune*).

DE GUICHE, *le suivant, sans s'en douter, et comptant sur ses doigts.*
Trois!

CYRANO
Puisque la fumée à tendance à monter,
En souffler dans un globe assez pour m'emporter!

DE GUICHE, *même jeu, de plus en plus étonné.*
Quatre!

CYRANO
Puisque Phœbé, quand son arc est le moindre,
Aime sucer, ô bœufs, votre moelle... m'en oindre[1]!

DE GUICHE, *stupéfait.*
1665 Cinq!

CYRANO, *qui en parlant l'a amené jusqu'à l'autre côté de la place, près d'un banc.*
Enfin, me plaçant sur un plateau de fer,
Prendre un morceau d'aimant et le lancer en l'air!
Ça, c'est un bon moyen : le fer se précipite,
Aussitôt que l'aimant s'envole, à sa poursuite;
On relance l'aimant bien vite, et cadédis!
1670 On peut monter ainsi indéfiniment[2].

DE GUICHE
Six!
— Mais voilà six moyens excellents!... Quel système
Choisîtes-vous des six, Monsieur?

CYRANO
Un septième!

___

1. « La lune, pendant ce quartier ayant accoutumé de sucer la moelle des animaux, elle buvait celle dont je m'étais enduit avec d'autant plus de force que son globe était plus proche de moi, et que l'interposition des nuées n'en affaiblissait point la vigueur » *(l'Autre Monde).*
2. « Je fis construire un chariot de fer fort léger et, de là à quelques mois, tous mes engins étant achevés, j'entrai dans mon industrieuse charrette » *(États et Empires de la Lune).*

DE GUICHE

Par exemple! Et lequel?

CYRANO

Je vous le donne en cent!

DE GUICHE

C'est que ce mâtin-là devient intéressant!

CYRANO, *faisant le bruit des vagues avec de grands gestes mystérieux.*

1675 Houüh! houüh!

DE GUICHE

Eh bien!

CYRANO

Vous devinez?

DE GUICHE

Non!

CYRANO

La marée!

À l'heure où l'onde par la lune est attirée,
Je me mis sur le sable — après un bain de mer —
Et la tête partant la première, mon cher
— Car les cheveux, surtout, gardent l'eau dans leur frange! —
1680 Je m'enlevai dans l'air, droit, tout droit, comme un ange.
Je montais, je montais, doucement, sans efforts,
Quand je sentis un choc!... Alors[1]...

DE GUICHE, *entraîné par la curiosité et s'asseyant sur le banc.*

Alors?

CYRANO

Alors...

---

1. Il semble que ce soit Rostand qui ait inventé ce septième moyen, très
« classique », d'aller dans la lune.

Reprenant sa voix naturelle.
Le quart d'heure est passé, Monsieur, je vous délivre :
Le mariage est fait.

DE GUICHE, *se relevant d'un bond.*

Çà, voyons, je suis ivre!...

1685 Cette voix?

La porte de la maison s'ouvre, des laquais paraissent portant des candélabres allumés. Lumière. Cyrano ôte son chapeau au bord abaissé.

Et ce nez!... Cyrano?

CYRANO, *saluant.*

Cyrano.

— Ils viennent à l'instant d'échanger leur anneau.

DE GUICHE

Qui cela?

Il se retourne. — Tableau. Derrière les laquais, Roxane et Christian se tiennent par la main. Le capucin les suit en souriant. Ragueneau élève aussi un flambeau. La duègne ferme la marche, ahurie, en petit saut-de-lit[1].

Ciel!

SCÈNE 14. LES MÊMES, ROXANE, CHRISTIAN, LE CAPUCIN, RAGUENEAU, LAQUAIS, LA DUÈGNE.

DE GUICHE, *à Roxane.*

Vous!

Reconnaissant Christian avec stupeur.

Lui?

Saluant Roxane avec admiration.

Vous êtes des plus fines!

1. *Saut-de-lit* : peignoir de femme.

À Cyrano.

Mes compliments, Monsieur l'inventeur des machines :
Votre récit eût fait s'arrêter au portail
1690 Du paradis un saint! Notez-en le détail,
Car vraiment cela peut resservir dans un livre[1]!

CYRANO, *s'inclinant.*

Monsieur, c'est un conseil que je m'engage à suivre.

LE CAPUCIN, *montrant les amants à de Guiche, et hochant avec
satisfaction sa grande barbe blanche.*

Un beau couple, mon fils, réuni là par vous!

DE GUICHE, *le regardant d'un œil glacé.*

Oui.
À Roxane.

Veuillez dire adieu, Madame, à votre époux.

ROXANE

1695 Comment?

DE GUICHE, *à Christian.*

Le régiment déjà se met en route.
Joignez-le!

ROXANE

Pour aller à la guerre?

DE GUICHE

Sans doute.

ROXANE

Mais, Monsieur, les cadets n'y vont pas!

DE GUICHE

Ils iront.
Tirant le papier qu'il avait mis dans sa poche.
Voici l'ordre.
À Christian.

Courez le porter, vous, baron.

---

1. Il s'agit des *États et Empires de la Lune.*

ROXANE, *se jetant dans les bras de Christian.*
Christian!

DE GUICHE, *ricanant, à Cyrano.*
La nuit de noce est encore lointaine!

CYRANO, *à part.*
1700 Dire qu'il croit me faire énormément de peine!

CHRISTIAN, *à Roxane.*
Oh! tes lèvres encore!

CYRANO
Allons, voyons, assez!

CHRISTIAN, *continuant à embrasser Roxane.*
C'est dur de la quitter... Tu ne sais pas...

CYRANO, *cherchant à l'entraîner.*
Je sais.
On entend au loin des tambours qui battent une marche.

DE GUICHE, *qui est remonté au fond.*
Le régiment qui part!

ROXANE, *à Cyrano, en retenant Christian qu'il essaie toujours
d'entraîner.*
Oh!.. je vous le confie!
Promettez-moi que rien ne va mettre sa vie
1705 En danger!

CYRANO
J'essaierai... mais ne peux cependant
Promettre...

ROXANE, *même jeu.*
Promettez qu'il sera très prudent!

CYRANO
Oui, je tâcherai, mais...

ROXANE, *même jeu.*
Qu'à ce siège terrible
Il n'aura jamais froid!

215

CYRANO
Je ferai mon possible.

Mais...

ROXANE, *même jeu.*
Qu'il sera fidèle!

CYRANO
Eh oui! sans doute, mais...

ROXANE, *même jeu.*
1710 Qu'il m'écrira souvent!

CYRANO, *s'arrêtant.*
Ça, je vous le promets!

RIDEAU

216

GUIDE DE LECTURE

Acte III Scènes 8 à 14

LES RENCONTRES DU PATHÉTIQUE ET DU COMIQUE

1. L'intervention du comique dans une scène sérieuse ou pathétique est une technique dramaturgique fréquente. Qu'est-ce qui justifie l'interruption constituée par la scène 8 ?

2. Montrez comment le comique et le pathétique de la situation reposent sur la demande de baiser adressée à Cyrano (sc. 9).

3. Caractérisez les éléments à la fois pathétiques et comiques dans la scène 10. Vous relèverez aussi la part de parodie de Rostand. Dans quelle catégorie classeriez-vous la définition du baiser donnée par Cyrano ?

4. Quelle est la fonction dramaturgique et théâtrale des interruptions répétées au cours des scènes 9, 10 et 11 ?

LA RUSE DE ROXANE

5. Comment Roxane s'y prend-elle pour obtenir la bénédiction nuptiale (sc. 11) ? Expliquez la rapidité de sa décision.

6. Décrivez la situation de la scène 11. À quel genre théâtral fait-elle penser ?

CYRANO ET LA SCIENCE-FICTION

7. L'improvisation de Cyrano (v. 1592-1682) procède-t-elle d'un discours scientifique, pseudoscientifique, délirant, onirique, etc. ? Justifiez votre réponse.

8. D'après le héros de Rostand, pensez-vous que le véritable Cyrano de Bergerac ait écrit de la science-fiction à proprement parler (voir les notes p. 210 et 211). Pourquoi ?

9. Quelles difficultés se posent lorsqu'on traite d'expériences de science-fiction sous une forme dramatique ? Comment se marient, dans cette scène 13, l'invention verbale et le discours scientifique ?

10. Montrez que ce passage ajoute une dimension nouvelle au personnage de Cyrano.

217

Ensemble de l'acte III

1. Cet acte, comme les autres, se termine sur une « pointe » et sur un sommet dramatique. Quel en est l'effet ?

2. Comment l'acte III se distingue-t-il des précédents ?

3. Étudiez les péripéties et les retournements au cours de cet acte. Comment Rostand ménage-t-il les effets de surprise ?

4. Dessinez un graphique rendant compte des mouvements de tension et d'accalmie.

5. Le fait que cet acte présente peu de personnages et les mette en scène dans des situations très intimes influe-t-il sur l'écriture dramatique ? De quelle manière ?

6. Quelle forme et quelle coloration motivée prend le « théâtre dans le théâtre » qu'organise, malgré lui, Cyrano pour « séduire » Roxane ?

Acte IV

Les cadets de Gascogne

Le poste qu'occupe la compagnie de Carbon de Castel-Jaloux au siège d'Arras[1].
Au fond, talus traversant toute la scène. Au-delà s'aperçoit un horizon de plaine : le pays couvert de travaux de siège. Les murs d'Arras et la silhouette de ses toits sur le ciel, très loin.
Tentes; armes éparses; tambours, etc. — Le jour va se lever. Jaune Orient. — Sentinelles espacées. Feux.
Roulés dans leurs manteaux, les cadets de Gascogne dorment. Carbon de Castel-Jaloux et Le Bret veillent. Ils sont très pâles et très maigris. Christian dort, parmi les autres, dans sa cape, au premier plan, le visage éclairé par un feu. Silence.

SCÈNE PREMIÈRE. CHRISTIAN, CARBON DE CASTEL-JALOUX, LE BRET, LES CADETS, *puis* CYRANO.

LE BRET

C'est affreux!

CARBON
Oui, plus rien.

---

1. Sur le siège d'Arras, E. Rostand aurait, selon Jacques Truchet (édition de l'Imprimerie nationale), tiré ses informations de deux livres : *les Sièges d'Arras* d'Achmet d'Héricourt (Paris, 1845) et *les Mémoires* du maréchal de Gramont, tome LVI de la *Collection des Mémoires relatifs à l'histoire de France* (Paris, 1826).

LE BRET

Mordious[1]!

CARBON, *lui faisant signe de parler plus bas.*

Jure en sourdine!

Tu vas les réveiller.
Aux cadets.

Chut! Dormez!

À Le Bret.

Qui dort dîne!

LE BRET

Quand on a l'insomnie on trouve que c'est peu :
Quelle famine!
On entend au loin quelques coups de feu.

CARBON

Ah! maugrébis[2] des coups de feu!...
1715 Ils vont me réveiller mes enfants!
Aux cadets qui lèvent la tête.

Dormez!

On se recouche. Nouveaux coups de feu plus rapprochés.

UN CADET, *s'agitant.*

Diantre!

Encore?

CARBON

Ce n'est rien! C'est Cyrano qui rentre!
Les têtes qui s'étaient relevées se recouchent.

UNE SENTINELLE, *au-dehors.*

Ventrebieu[3]! qui va là?

---

1. *Mordious* : juron gascon probablement calqué sur « Mort de Dieu ».
2. *Maugrébis* : exclamation pour protester (maugréer) contre quelque chose.
3. *Ventrebieu* : juron probablement calqué sur « Ventre de Dieu ».

LA VOIX DE CYRANO
Bergerac!

LA SENTINELLE, *qui est sur le talus.*
Ventrebieu!...
Qui va là?

CYRANO, *paraissant sur la crête.*
Bergerac, imbécile!
Il descend. Le Bret va au-devant de lui, inquiet.

LE BRET
Ah! grand Dieu!

CYRANO, *lui faisant signe de ne réveiller personne.*
Chut!

LE BRET
Blessé?

CYRANO
Tu sais bien qu'ils ont pris l'habitude
1720 De me manquer tous les matins!

LE BRET
C'est un peu rude,
Pour porter une lettre, à chaque jour levant,
De risquer...

CYRANO, *s'arrêtant devant Christian.*
J'ai promis qu'il écrirait souvent!
Il le regarde.
Il dort. Il est pâli. Si la pauvre petite
Savait qu'il meurt de faim... Mais toujours beau!

LE BRET
Va vite
1725 Dormir!

CYRANO
Ne grogne pas, Le Bret!... Sache ceci :
Pour traverser les rangs espagnols, j'ai choisi
Un endroit où je sais, chaque nuit, qu'ils sont ivres.

LE BRET

Tu devrais bien un jour nous rapporter des vivres.

CYRANO

Il faut être léger pour passer! — Mais je sais
1730 Qu'il y aura ce soir du nouveau. Les Français
Mangeront ou mourront — si j'ai bien vu...

LE BRET

Raconte!

CYRANO

Non. Je ne suis pas sûr... vous verrez...

CARBON

Quelle honte,
Lorsqu'on est assiégeant, d'être affamé!

LE BRET

Hélas!
Rien de plus compliqué que ce siège d'Arras :
1735 Nous assiégeons Arras — nous-mêmes, pris au piège,
Le cardinal infant d'Espagne nous assiège...

CYRANO

Quelqu'un devrait venir l'assiéger à son tour.

LE BRET

Je ne ris pas.

CYRANO

Oh! oh!

LE BRET

Penser que chaque jour
Vous risquez une vie, ingrat, comme la vôtre,
1740 Pour porter...
Le voyant qui se dirige vers une tente.
Où vas-tu?

CYRANO

J'en vais écrire une autre.
Il soulève la toile et disparaît.

222

SCÈNE 2. LES MÊMES, *moins* CYRANO.

Le jour s'est un peu levé. Lueurs roses. La ville d'Arras se dore à l'horizon. On entend un coup de canon immédiatement suivi d'une batterie de tambours, très au loin, vers la gauche. D'autres tambours battent plus près. Les batteries vont se répondant, et se rapprochant, éclatent presque en scène et s'éloignent vers la droite, parcourant le camp. Rumeurs de réveil. Voix lointaines d'officiers.

CARBON, *avec un soupir.*

La diane!... Hélas!
Les cadets s'agitent dans leurs manteaux, s'étirent.

Sommeil succulent, tu prends fin!...
Je sais trop quel sera leur premier cri!

UN CADET, *se mettant sur son séant.*

J'ai faim!

UN AUTRE

Je meurs!

TOUS

Oh!

CARBON

Levez-vous!

TROISIÈME CADET

Plus un pas!

QUATRIÈME CADET

Plus un geste!

LE PREMIER, *se regardant dans un morceau de cuirasse.*

Ma langue est jaune : l'air du temps est indigeste!

UN AUTRE

1745 Mon tortil de baron pour un peu de Chester[1]!

---

1. Mon blason (« tortil ») pour un peu de fromage(« Chester »). Allusion parodique à Richard III qui, à la bataille de Bosworth, était prêt à échanger son royaume pour un cheval ».

UN AUTRE

Moi, si l'on ne veut pas fournir à mon gaster[1]
De quoi m'élaborer une pinte de chyle[2],
Je me retire sous ma tente, — comme Achille!

UN AUTRE

Oui, du pain!

CARBON, *allant à la tente où est entré Cyrano, à mi-voix.*
Cyrano!

D'AUTRES

Nous mourons!

CARBON, *toujours à mi-voix, à la porte de la tente.*
Au secours!

1750 Toi qui sais si gaiement leur répliquer toujours,
Viens les ragaillardir!

DEUXIÈME CADET, *se précipitant vers le premier qui mâchonne
quelque chose.*
Qu'est-ce que tu grignotes?

LE PREMIER

De l'étoupe[3] à canon que dans les bourguignotes[4]
On fait frire en la graisse à graisser les moyeux[5].
Les environs d'Arras sont très peu giboyeux[6]!

UN AUTRE, *entrant.*
1755 Moi je viens de chasser!

UN AUTRE, *même jeu.*
J'ai pêché dans la Scarpe!

---

1. *Gaster :* estomac, selon l'étymologie grecque du mot (*gaster, gastros :* ventre, estomac).
2. *Chyle :* suc intestinal constitué des substances en voie de digestion.
3. *Étoupe :* partie la plus grossière de la filasse de lin ou de chanvre.
4. *Bourguignotes :* casques de soldat.
5. *Moyeux :* parties centrales des roues.
6. *Giboyeux :* abondants en gibier.

Tous, *debout, se ruant sur les deux nouveaux venus.*
Quoi? — Que rapportez-vous? — Un faisan? — Une carpe?
— Vite, vite, montrez!

Le pêcheur
Un goujon!

Le chasseur
Un moineau!

Tous, *exaspérés.*
Assez! — Révoltons-nous!

Carbon
Au secours, Cyrano!
Il fait maintenant tout à fait jour.

SCÈNE 3.   LES MÊMES, CYRANO.

Cyrano, *sortant de sa tente, tranquille, une plume à l'oreille,*
un livre à la main.
Hein?
Silence. Au premier cadet.
Pourquoi t'en vas-tu, toi, de ce pas qui traîne?

Le cadet
1760 J'ai quelque chose, dans les talons, qui me gêne!

Cyrano
Et quoi donc?

Le cadet
L'estomac!

Cyrano
Moi de même, pardi!

Le cadet
Cela doit te gêner?

225

CYRANO
Non, cela me grandit.

DEUXIÈME CADET
J'ai les dents longues!

CYRANO
Tu n'en mordras que plus large.

UN TROISIÈME
Mon ventre sonne creux!

CYRANO
Nous y battrons la charge.

UN AUTRE
1765 Dans les oreilles, moi, j'ai des bourdonnements.

CYRANO
Non, non; ventre affamé, pas d'oreilles : tu mens!

UN AUTRE
Oh! manger quelque chose — à l'huile!

CYRANO, *le décoiffant et lui mettant son casque dans la main.*
Ta salade.

UN AUTRE
Qu'est-ce qu'on pourrait bien dévorer?

CYRANO, *lui jetant le livre qu'il tient à la main.*
L'Iliade.

UN AUTRE
Le ministre, à Paris, fait ses quatre repas!

CYRANO
1770 Il devrait t'envoyer du perdreau?

LE MÊME
Pourquoi pas?
Et du vin!

CYRANO
Richelieu, du bourgogne, *if you please?*

LE MÊME
Par quelque capucin!

226

CYRANO
L'Éminence qui grise?

UN AUTRE
J'ai des faims d'ogre!

CYRANO
Eh bien, tu croques le marmot[1]!

LE PREMIER CADET, *haussant les épaules.*
Toujours le mot, la pointe!

CYRANO
Oui, la pointe, le mot!
1775 Et je voudrais mourir, un soir, sous un ciel rose,
En faisant un bon mot, pour une belle cause!
Oh! frappé par la seule arme noble qui soit,
Et par un ennemi qu'on sait digne de soi,
Sur un gazon de gloire et loin d'un lit de fièvres,
1780 Tomber la pointe au cœur en même temps qu'aux lèvres!

CRIS DE TOUS
J'ai faim!

CYRANO, *se croisant les bras.*
Ah çà! mais vous ne pensez qu'à manger?
— Approche, Bertrandou le fifre, ancien berger;
Du double étui de cuir tire l'un de tes fifres,
Souffle, et joue à ce tas de goinfres et de piffres
1785 Ces vieux airs du pays, au doux rythme obsesseur,
Dont chaque note est comme une petite sœur,
Dans lesquels restent pris des sons de voix aimées,
Ces airs dont la lenteur est celle des fumées
Que le hameau natal exhale de ses toits,
1790 Ces airs dont la musique a l'air d'être en patois!...
Le vieux s'assied et prépare son fifre.
Que la flûte, aujourd'hui, guerrière qui s'afflige,
Se souvienne un moment, pendant que sur sa tige

---

1. *Tu croques le marmot :* tu attends (expression familière).

227

Tes doigts semblent danser un menuet d'oiseau,
Qu'avant d'être d'ébène, elle fut de roseau;
1795 Que sa chanson l'étonne, et qu'elle y reconnaisse
L'âme de sa rustique et paisible jeunesse!
Le vieux commence à jouer des airs languedociens.
Écoutez, les Gascons... Ce n'est plus, sous ses doigts,
Le fifre aigu des camps, c'est la flûte des bois!
Ce n'est plus le sifflet du combat, sous ses lèvres,
1800 C'est le lent galoubet[1] de nos meneurs de chèvres!
Écoutez... c'est le val, la lande, la forêt,
Le petit pâtre brun sous son rouge béret,
C'est la verte douceur des soirs sur la Dordogne...
Écoutez, les Gascons : c'est toute la Gascogne!
*Toutes les têtes se sont inclinées; — tous les yeux rêvent; — et des
larmes sont furtivement essuyées, avec un revers de manche, un coin de
manteau.*

CARBON, *à Cyrano, bas.*
1805 Mais tu les fais pleurer!

CYRANO
De nostalgie!... Un mal
Plus noble que la faim!... pas physique : moral!
J'aime que leur souffrance ait changé de viscère,
Et que ce soit leur cœur, maintenant, qui se serre!

CARBON
Tu vas les affaiblir en les attendrissant!

CYRANO, *qui a fait signe au tambour d'approcher.*
1810 Laisse donc! Les héros qu'ils portent dans leur sang
Sont vite réveillés! Il suffit...
Il fait un geste. Le tambour roule.

TOUS, *se levant et se précipitant sur leurs armes.*
Hein?... Quoi?... Qu'est-ce?

___

1. *Galoubet :* instrument à vent proche du flageolet et de la flûte à bec.

CYRANO, *souriant.*
Tu vois, il a suffi d'un roulement de caisse!
Adieu, rêves, regrets, vieille province, amour...
Ce qui du fifre vient s'en va par le tambour!

UN CADET, *qui regarde au fond.*
1815 Ah! Ah! Voici monsieur de Guiche!

TOUS LES CADETS, *murmurant.*
Hou...

CYRANO, *souriant.*
Murmure
Flatteur!

UN CADET
Il nous ennuie!

UN AUTRE
Avec, sur son armure,
Son grand col de dentelle, il vient faire le fier!

UN AUTRE
Comme si l'on portait du linge sur du fer!

LE PREMIER
C'est bon lorsque à son cou l'on a quelque furoncle!

LE DEUXIÈME
1820 Encore un courtisan!

UN AUTRE
Le neveu de son oncle!

CARBON
C'est un Gascon pourtant!

LE PREMIER
Un faux!... Méfiez-vous!
Parce que, les Gascons... ils doivent être fous :
Rien de plus dangereux qu'un Gascon raisonnable.

LE BRET
Il est pâle!

229

UN AUTRE

Il a faim... autant qu'un pauvre diable!
1825 Mais comme sa cuirasse a des clous de vermeil,
Sa crampe d'estomac étincelle au soleil!

CYRANO, *vivement.*

N'ayons pas l'air non plus de souffrir! Vous, vos cartes,
Vos pipes et vos dés...

Tous rapidement se mettent à jouer sur des tambours, sur des escabeaux et, par terre, sur leurs manteaux, et ils allument de longues pipes de pétun[1].

Et moi, je lis Descartes.

Il se promène de long en large et lit dans un petit livre qu'il a tiré de sa poche. — Tableau. — De Guiche entre. Tout le monde a l'air absorbé et content. Il est très pâle. Il va vers Carbon.

---

1. *Pétun* : tabac.

230

Acte IV Scènes 1 à 3

CHANGEMENT DE DÉCOR

1. Caractérisez le nouveau décor décrit au début de l'acte IV. Quelles traces de la guerre et du siège y sont visibles ?

2. Sur quels principes Rostand contraste-t-il le cadre de chaque nouveau tableau ?

3. Tous les personnages masculins principaux sont présents dans l'acte IV. Étudiez la reprise des caractérisations essentielles de chacun d'eux, malgré le changement de situation.

4. Par quels indices se manifeste le changement radical d'atmosphère (sc. 1) ?

5. Comment la fresque historique et l'action individuelle héroïque sont-elles intégrées dans la scène 1 ?

LA FAIM

6. Étudiez la façon dont est repris le thème de la faim au cours des scènes 1 et 2.

7. La scène 2 prolonge la précédente avec, pour seul thème, la faim. Le spectateur a-t-il, quant à lui, suffisamment à « se mettre sous la dent » ? Justifiez votre réponse.

8. La scène 3 est encore une scène statique qui reprend inlassablement le thème de la faim. Quels problèmes se posent au dramaturge pour animer, dialoguer et mettre en scène cette même thématique ?

9. Quelle image de la guerre est donnée en ce début d'acte ?

LA THÉORIE DE LA POINTE

Cyrano sait jouer de la pointe dans tous les sens du terme, qu'il s'agisse de faire de l'esprit ou de se battre à l'épée, de manier le vers ou le fer. Le bon mot est, comme pour l'esthète ou le dandy, le seul sens de son existence. L'écriture et le combat procèdent du même désir de « toucher » l'autre. La pointe est la marque de l'art pour l'art,

231

du beau geste, de la recherche formelle et du panache, pointe fleurie et qui invite l'autre à le viser. « Tomber la pointe au cœur » (v. 1778), c'est savoir terminer un discours sur un bon mot, finir en beauté. La pointe, c'est aussi ce qui sait mettre un point final à un raisonnement ou une démonstration; c'est le sel de l'histoire, le *point* au sens anglais du terme. C'est enfin la concentration paradoxale de pensées habituellement antithétiques.

10. Dans cette perspective, repérez et étudiez les oxymores dans le discours de Cyrano.

11. Définissez la fonction de la « pointe » dans le discours et dans le combat physique.

12. De quelle scène située en début d'œuvre peut-on rapprocher les vers 1774 à 1780 ? Pourquoi ?

13. Rostand a donné sa propre définition de la pointe dans les *Entretiens pointus :* « La pointe n'est pas d'accord avec la raison, c'est l'agréable jeu de l'esprit, et merveilleux à ce point qu'il réduit toutes choses sur le pied nécessaire à ses agréments, sans avoir égard à leur propre substance. S'il faut que pour la pointe l'on fasse une chose laide, cette étrange et prompte métamorphose se peut faire sans scrupule, et toujours on a bien fait pourvu qu'on ait bien dit; on ne pèse pas les choses, pourvu qu'elles brillent, il n'importe; et s'il s'y trouve d'ailleurs quelques défauts, ils sont justifiés par le feu qui les accompagne. »
Cette définition s'applique-t-elle aux pointes qu'on trouve dans la pièce ? Pourquoi ?

SCÈNE 4. LES MÊMES, DE GUICHE.

DE GUICHE, *à Carbon.*

Ah! Bonjour!
Ils s'observent tous les deux. À part, avec satisfaction.
Il est vert.

CARBON, *de même.*
Il n'a plus que les yeux.

DE GUICHE, *regardant les cadets.*
Voici donc les mauvaises têtes?... Oui, Messieurs.
Il me revient de tous côtés qu'on me brocarde[1]
1830 Chez vous, que les cadets, noblesse montagnarde,
Hobereaux béarnais, barons périgourdins,
N'ont pour leur colonel pas assez de dédains,
M'appellent intrigant, courtisan, qu'il les gêne
De voir sur ma cuirasse un col au point de Gêne,
1835 Et qu'ils ne cessent pas de s'indigner entre eux
Qu'on puisse être Gascon et ne pas être gueux!
Silence. On joue. On fume.
Vous ferai-je punir par votre capitaine?
Non.

CARBON
D'ailleurs, je suis libre et n'inflige de peine...

DE GUICHE
Ah!

CARBON
J'ai payé ma compagnie, elle est à moi.
1840 Je n'obéis qu'aux ordres de guerre.

DE GUICHE
Ah?... Ma foi!
Cela suffit.
S'adressant aux cadets.

---

1. *Brocarde* : raille.

233

Je peux mépriser vos bravades.
On connaît ma façon d'aller aux mousquetades :
Hier, à Bapaume, on vit la furie avec quoi
J'ai fait lâcher le pied au comte de Bucquoi;
1845 Ramenant sur ses gens les miens en avalanche,
J'ai chargé par trois fois!

CYRANO, *sans lever le nez de son livre.*
            Et votre écharpe blanche?

DE GUICHE, *surpris et satisfait.*
Vous savez ce détail? En effet, il advint,
Durant que je faisais ma caracole[1], afin
De rassembler mes gens pour la troisième charge,

Cyrano joué et mis en scène par Jean-Claude Drouot.
Maison de la Culture André Malraux, Reims, 1985.

---

1. *Caracole :* manœuvre de troupes à cheval préludant au tir.

1850 Qu'un remous de fuyards m'entraîna sur la marge
Des ennemis; j'étais en danger qu'on me prît
Et qu'on m'arquebusât, quand j'eus le bon esprit
De dénouer et de laisser couler à terre
L'écharpe qui disait mon grade militaire;
1855 En sorte que je pus, sans attirer les yeux,
Quitter les Espagnols, et revenant sur eux,
Suivi de tous les miens réconfortés, les battre!
— Eh bien! que dites-vous de ce trait?
Les cadets n'ont pas l'air d'écouter; mais ici les cartes et les cornets à dés
restent en l'air, la fumée des pipes demeure dans les joues : attente.

CYRANO

Qu'Henri quatre
N'eût jamais consenti, le nombre l'accablant,
1860 À se diminuer de son panache blanc.
Joie silencieuse. Les cartes s'abattent. Les dés tombent. La fumée
s'échappe.

DE GUICHE

L'adresse a réussi, cependant!
Même attente suspendant les jeux et les pipes.

CYRANO

C'est possible.
Mais on n'abdique pas l'honneur d'être une cible.
Cartes, dés, fumées s'abattent, tombent, s'envolent avec une satisfaction
croissante.
Si j'eusse été présent quand l'écharpe coula
— Nos courages, monsieur, diffèrent en cela —
1865 Je l'aurais ramassée et me la serais mise.

DE GUICHE

Oui, vantardise, encor, de Gascon!

CYRANO

Vantardise?...
Prêtez-la-moi. Je m'offre à monter, dès ce soir,
À l'assaut, le premier, avec elle en sautoir.

DE GUICHE

Offre encor de Gascon! Vous savez que l'écharpe

235

1870 Resta chez l'ennemi, sur les bords de la Scarpe,
En un lieu que depuis la mitraille cribla,
Où nul ne peut aller la chercher!

CYRANO, *tirant de sa poche l'écharpe blanche et la lui tendant.*

La voilà.

Silence. Les cadets étouffent leurs rires dans les cartes et dans les cornets à dés. De Guiche se retourne, les regarde; immédiatement ils reprennent leur gravité, leurs jeux; l'un d'eux sifflote avec indifférence l'air montagnard joué par le fifre.

DE GUICHE, *prenant l'écharpe.*

Merci. Je vais, avec ce bout d'étoffe claire,
Pouvoir faire un signal — que j'hésitais à faire.
Il va au talus, y grimpe, et agite plusieurs fois l'écharpe en l'air.

TOUS

1875 Hein!

LA SENTINELLE, *en haut du talus.*

Cet homme, là-bas qui se sauve en courant!...

DE GUICHE, *redescendant.*

C'est un faux espion espagnol. Il nous rend
De grands services. Les renseignements qu'il porte
Aux ennemis sont ceux que je lui donne, en sorte
Que l'on peut influer sur leurs décisions.

CYRANO

1880 C'est un gredin!

DE GUICHE, *se nouant nonchalamment son écharpe.*

C'est très commode. Nous disions?...
Ah!... J'allais vous apprendre un fait. Cette nuit même,
Pour nous ravitailler tentant un coup suprême,
Le maréchal s'en fut vers Dourlens, sans tambours;
Les vivandiers du roi sont là; par les labours
1885 Il les joindra; mais pour revenir sans encombre,
Il a pris avec lui des troupes en tel nombre
Que l'on aurait beau jeu, certes, en nous attaquant :
La moitié de l'armée est absente du camp!

CARBON

Oui, si les Espagnols savaient, ce serait grave.
1890 Mais ils ne savent pas ce départ ?

DE GUICHE

Ils le savent.

Ils vont nous attaquer.

CARBON

Ah !

DE GUICHE

Mon faux espion
M'est venu prévenir de leur agression.
Il ajouta : « J'en peux déterminer la place ;
Sur quel point voulez-vous que l'attaque se fasse ?
1895 Je dirai que de tous c'est le moins défendu,
Et l'effort portera sur lui. » J'ai répondu :
« C'est bon. Sortez du camp. Suivez des yeux la ligne :
Ce sera sur le point d'où je vous ferai signe. »

CARBON, *aux cadets.*

Messieurs, préparez-vous !
Tous se lèvent. Bruit d'épées et de ceinturons qu'on boucle.

DE GUICHE

C'est dans une heure.

PREMIER CADET

Ah !... bien !...
Ils se rasseyent tous. On reprend la partie interrompue.

DE GUICHE, *à Carbon.*

1900 Il faut gagner du temps. Le maréchal revient.

CARBON

Et pour gagner du temps ?

DE GUICHE

Vous aurez l'obligeance
De vous faire tuer.

CYRANO

Ah ! voilà la vengeance ?

237

DE GUICHE

Je ne prétendrai pas que si je vous aimais
Je vous eusse choisis vous et les vôtres, mais,
1905 Comme à votre bravoure on n'en compare aucune,
C'est mon Roi que je sers en servant ma rancune.

CYRANO, *saluant.*

Souffrez que je vous sois, monsieur, reconnaissant.

DE GUICHE, *saluant.*

Je sais que vous aimez vous battre un contre cent.
Vous ne vous plaindrez pas de manquer de besogne.
Il remonte, avec Carbon.

CYRANO, *aux cadets.*

1910 Eh bien donc! nous allons au blason de Gascogne,
Qui porte six chevrons, messieurs, d'azur et d'or,
Joindre un chevron de sang qui lui manquait encor!
*De Guiche cause bas avec Carbon de Castel-Jaloux, au fond. On donne
des ordres. La résistance se prépare. Cyrano va vers Christian qui est
resté immobile, les bras croisés.*

CYRANO, *lui mettant la main sur l'épaule.*

Christian?

CHRISTIAN, *secouant la tête.*

Roxane!

CYRANO

Hélas!

CHRISTIAN

Au moins, je voudrais mettre
Tout l'adieu de mon cœur dans une belle lettre!...

CYRANO

1915 Je me doutais que ce serait pour aujourd'hui.
Il tire un billet de son pourpoint.
Et j'ai fait tes adieux.

CHRISTIAN

Montre!...

238

CYRANO

Tu veux?...

CHRISTIAN, *lui prenant la lettre.*

Mais oui!

Il l'ouvre, lit et s'arrête.

Tiens!...

CYRANO

Quoi?

CHRISTIAN

Ce petit rond?...

CYRANO, *reprenant la lettre vivement, et regardant d'un air naïf.*

Un rond?...

CHRISTIAN

C'est une larme!

CYRANO

Oui... Poète, on se prend à son jeu, c'est le charme!...
Tu comprends... ce billet, — c'était très émouvant :
1920 Je me suis fait pleurer moi-même en l'écrivant.

CHRISTIAN

Pleurer?...

CYRANO

Oui.. parce que... mourir n'est pas terrible...
Mais... ne plus la revoir jamais... voilà l'horrible!
Car enfin je ne la...
Christian le regarde.

Nous ne la...

Vivement.

Tu ne la...

CHRISTIAN, *lui arrachant la lettre.*

Donne-moi ce billet!
On entend une rumeur, au loin, dans le camp.

LA VOIX D'UNE SENTINELLE

Ventrebieu, qui va là?
Coups de feu. Bruits de voix. Grelots.

239

CARBON

1925 Qu'est-ce?

LA SENTINELLE, *qui est sur le talus.*

Un carrosse!
On se précipite pour voir.

CRIS

Quoi? Dans le camp? — Il y entre!
— Il a l'air de venir de chez l'ennemi! — Diantre!
Tirez! — Non! le cocher a crié! — Crié quoi? —
Il a crié : Service du roi!
Tout le monde est sur le talus et regarde au-dehors. Les grelots se rapprochent.

DE GUICHE

Hein? Du roi?...
On redescend, on s'aligne.

CARBON

Chapeau, bas, tous!

DE GUICHE, *à la cantonade.*

Du roi! — Rangez-vous, vile tourbe,
1930 Pour qu'il puisse décrire avec pompe sa courbe!
Le carrosse entre au grand trot. Il est couvert de boue et de poussière. Les rideaux sont tirés. Deux laquais derrière. Il s'arrête net.

CARBON, *criant.*

Battez aux champs!
Roulement de tambours. Tous les cadets se découvrent.

DE GUICHE

Baissez le marchepied!
Deux hommes se précipitent. La portière s'ouvre.

ROXANE, *sautant du carrosse.*

Bonjour!
Le son d'une voix de femme relève d'un seul coup tout ce monde profondément incliné. — Stupeur.

240

ROXANE, *sautant du carrosse. Bonjour!*
Gravure de François Flameng (1856-1923).

241

SCÈNE 5.   LES MÊMES, ROXANE.

DE GUICHE

Service du roi! Vous?

ROXANE

Mais du seul roi, l'Amour!

CYRANO

Ah! grand Dieu!

CHRISTIAN, *s'élançant.*

Vous! Pourquoi?

ROXANE

C'était trop long, ce siège!

CHRISTIAN

Pourquoi?...

ROXANE

Je te dirai!

CYRANO, *qui, au son de sa voix, est resté cloué immobile,*
sans oser tourner les yeux vers elle.

Dieu! La regarderai-je?

DE GUICHE

1935   Vous ne pouvez rester ici!

ROXANE, *gaiement.*

Mais si! mais si!

Voulez-vous m'avancer un tambour?...
Elle s'assied sur un tambour qu'on avance.

Là merci!

Elle rit.

On a tiré sur mon carrosse!
Fièrement.

Une patrouille!

— Il a l'air d'être fait avec une citrouille,

N'est ce pas? comme dans le conte[1], et les laquais
1940 Avec des rats.
Envoyant des lèvres un baiser à Christian.
        Bonjour!
Les regardant tous.
           Vous n'avez pas l'air gais!
— Savez-vous que c'est loin, Arras?
Apercevant Cyrano.
                Cousin, charmée!

        CYRANO, *s'avançant.*

Ah çà! comment?...

          ROXANE

        Comment j'ai retrouvé l'armée?
Oh! mon Dieu, mon ami, mais c'est tout simple : j'ai
Marché tant que j'ai vu le pays ravagé.
1945 Ah! ces horreurs il a fallu que je les visse
Pour y croire! Messieurs, si c'est là le service
De votre roi, le mien vaut mieux!

          CYRANO

         Voyons, c'est fou!
Par où diable avez-vous bien pu passer?

          ROXANE

             Par où?

Par chez les Espagnols.

        PREMIER CADET
        Ah! Qu'elles sont malignes.

        DE GUICHE

1950 Comment avez-vous fait pour traverser leurs lignes?

        LE BRET

Cela dut être très difficile!...

        ROXANE
        Pas trop.

---

1. Allusion au conte de Charles Perrault (1628-1703), *Cendrillon.*

J'ai simplement passé dans mon carrosse, au trot.
Si quelque hidalgo[1] montrait sa mine altière,
Je mettais mon plus beau sourire à la portière,
1955 Et ces messieurs étant, n'en déplaise aux Français,
Les plus galantes gens du monde, — je passais!

CARBON

Oui, c'est un passeport, certes, que ce sourire!
Mais on a fréquemment dû vous sommer de dire
Où vous alliez ainsi, madame?

ROXANE

Fréquemment.

1960 Alors je répondais : « Je vais voir mon amant. »
Aussitôt l'Espagnol à l'air le plus féroce
Refermait gravement la porte du carrosse,
D'un geste de la main à faire envie au roi
Relevait les mousquets déjà braqués sur moi,
1965 Et superbe de grâce, à la fois, et de morgue,
L'ergot[2] tendu sous la dentelle en tuyau d'orgue,
Le feutre au vent pour que la plume palpitât,
S'inclinait en disant : « Passez, señorita! »

CHRISTIAN

Mais, Roxane...

ROXANE

J'ai dit : mon amant, oui... pardonne!
1970 Tu comprends, si j'avais dit : mon mari, personne
Ne m'eût laissé passer!

CHRISTIAN

Mais...

ROXANE

Qu'avez-vous?

---

1. *Hidalgo* : nom espagnol pour « noble ».
2. « Se dresser sur ses ergots » signifie prendre une attitude hautaine.

DE GUICHE

Il faut

Vous en aller d'ici!

ROXANE

Moi?

CYRANO

Bien vite!

LE BRET

Au plus tôt!

CHRISTIAN

Oui!

ROXANE

Mais comment?

CHRISTIAN, *embarrassé.*

C'est que...

CYRANO, *de même.*

Dans trois quarts d'heure...

DE GUICHE, *de même.*

ou... quatre...

CARBON, *de même.*

Il vaut mieux...

LE BRET, *de même.*

Vous pourriez...

ROXANE

Je reste. On va se battre.

TOUS

1975 Oh! non!

ROXANE

C'est mon mari!

Elle se jette dans les bras de Christian.

Qu'on me tue avec toi!

245

CHRISTIAN

Mais quels yeux vous avez!

ROXANE

Je te dirai pourquoi!

DE GUICHE, *désespéré.*

C'est un poste terrible!

ROXANE, *se retournant.*

Hein! terrible?

CYRANO

Et la preuve

C'est qu'il nous l'a donné!

ROXANE, *à de Guiche.*

Ah! vous me vouliez veuve?

DE GUICHE

Oh! je vous jure!...

ROXANE

Non! Je suis folle à présent!

1980 Et je ne m'en vais plus! D'ailleurs, c'est amusant.

CYRANO

Eh quoi! la précieuse était une héroïne?

ROXANE

Monsieur de Bergerac, je suis votre cousine.

UN CADET

Nous vous défendrons bien!

ROXANE, *enfiévrée de plus en plus.*

Je le crois, mes amis!

UN AUTRE, *avec enivrement.*

Tout le camp sent l'iris!

ROXANE

Et j'ai justement mis

246

1985 Un chapeau qui fera très bien dans la bataille!...
Regardant de Guiche.
Mais peut-être est-il temps que le comte s'en aille :
On pourrait commencer.

DE GUICHE

Ah! c'en est trop! Je vais
Inspecter mes canons, et reviens... Vous avez
Le temps encor : changez d'avis!

ROXANE

Jamais!

De Guiche sort.

Acte IV Scènes 4 et 5

DE GUICHE ET CYRANO S'EN VONT EN GUERRE

1. Analysez les vers 1841 à 1858. Quel personnage de théâtre typique de Guiche incarne-t-il ?

2. L'allusion au panache blanc d'Henri IV (v. 1860) ancre le texte dans l'histoire. Mais elle exploite aussi une métaphore essentielle ; au cours de votre lecture, vous relèverez et étudierez les différentes occurrences du « panache ».

3. Commentez la réaction de Cyrano au récit de De Guiche et définissez la fonction des récits de ces deux personnages (sc. 4). Quelles oppositions caractérielles sont mises en lumière ?

4. Comment s'insère l'épisode de la lettre à Roxane dans cette fresque militaire ?

5. En quoi l'héroïque et le romanesque se combinent dans la scène 4 ?

L'ARRIVÉE DE ROXANE

6. Pourquoi la présence de Roxane est-elle indispensable, d'un point de vue dramatique, à ce moment ? Est-elle vraisemblable ? Justifiez votre avis.

7. Que signifie symboliquement l'entrée de Roxane dans le camp des hommes ?

8. La mise en scène peut-elle (ou doit-elle) faire entrer le carrosse sur le plateau ? Pourquoi ? Comment figurer scéniquement la réalité et l'atmosphère du camp ?

9. Quel éclairage nouveau Roxane apporte-t-elle sur la guerre et l'héroïsme des soldats ? Citez le texte à l'appui de votre réponse.

10. Commentez la remarque du cadet au vers 1949. Comparez les réactions féminines et masculines au danger.

11. À partir de l'arrivée de Roxane et jusqu'à la fin de la scène 5, Rostand joue un peu sur le registre du comique troupier : sur quel type de situation fait-il reposer un tel comique ?
Analysez le thème (exploité dans d'innombrables œuvres) de la femme isolée au milieu d'un groupe d'hommes. Quels bouleversements en résultent ?

SCÈNE 6. LES MÊMES, *moins* DE GUICHE.

CHRISTIAN, *suppliant.*

Roxane!...

ROXANE

1990 Non!

PREMIER CADET, *aux autres.*

Elle reste!

TOUS, *se précipitant, se bousculant, s'astiquant.*
Un peigne! — Un savon! — Ma basane
Est trouée : une aiguille! — Un ruban! — Ton miroir!
— Mes manchettes! — Ton fer à moustache! — Un rasoir!

ROXANE, *à Cyrano qui la supplie encore.*
Non! rien ne me fera bouger de cette place!

CARBON, *après s'être, comme les autres, sanglé, épousseté, avoir
brossé son chapeau, redressé sa plume et tiré ses manchettes,
s'avance vers Roxane, et cérémonieusement.*
Peut-être siérait-il que je vous présentasse,
1995 Puisqu'il en est ainsi, quelques de ces messieurs
Qui vont avoir l'honneur de mourir sous vos yeux.
*Roxane s'incline et elle attend, debout au bras de Christian. Carbon
présente.*
Baron de Peyrescous de Colignac!

LE CADET, *saluant.*
Madame...

CARBON, *continuant.*
Baron de Casterac de Cahuzac. — Vidame
De Malgouvre Estressac Lesbas d'Escarabiot. —
2000 Chevalier d'Antignac-Juzet. — Baron Hillot
De Blagnac-Saléchan de Castel-Crabioules...

ROXANE
Mais combien avez-vous de noms, chacun?

LE BARON HILLOT
Des foules!

CARBON, *à Roxane.*

Ouvrez la main qui tient votre mouchoir.

ROXANE, *ouvre la main et le mouchoir tombe.*

Pourquoi?

Toute la compagnie fait le mouvement de s'élancer pour le ramasser.

CARBON, *le ramassant, vivement.*

Ma compagnie étant sans drapeau! Mais, ma foi,

2005 C'est le plus beau du camp qui flottera sur elle!

ROXANE, *souriant.*

Il est un peu petit.

CARBON, *attachant le mouchoir à la hampe de sa lance de capitaine.*

Mais il est en dentelle!

UN CADET, *aux autres.*

Je mourrais sans regret ayant vu ce minois,
Si j'avais seulement dans le ventre une noix!...

CARBON, *qui l'a entendu, indigné.*

Fi! parler de manger lorsqu'une exquise femme!...

ROXANE

2010 Mais l'air du camp est vif et, moi-même, m'affame :
Pâtés, chauds-froids, vins fins : mon menu, le voilà!
Voulez-vous m'apporter tout cela?
Consternation.

UN CADET

Tout cela!

UN AUTRE

Où le prendrions-nous, grand Dieu?

ROXANE, *tranquillement.*

Dans mon carrosse.

TOUS

Hein?...

ROXANE

Mais il faut qu'on serve et découpe, et désosse!
2015 Regardez mon cocher d'un peu plus près, messieurs.

250

Et vous reconnaîtrez un homme précieux :
Chaque sauce sera, si l'on veut, réchauffée !

LES CADETS, se ruant vers le carrosse.

C'est Ragueneau !
Acclamations.

Oh ! Oh !

ROXANE, les suivant des yeux.
Pauvres gens !

CYRANO, lui baisant la main.
Bonne fée !

RAGUENEAU, debout sur le siège comme un charlatan
en place publique.

Messieurs !...
Enthousiasme.

LES CADETS

Bravo ! Bravo !

RAGUENEAU
Les Espagnols n'ont pas,

2020 Quand passaient tant d'appas, vu passer le repas !
Applaudissements.

CYRANO, bas à Christian.

Hum ! hum ! Christian !

RAGUENEAU
Distraits par la galanterie

Ils n'ont pas vu...
Il tire de son siège un plat qu'il élève.
la galantine !...
Applaudissements. La galantine passe de mains en mains.

CYRANO, bas à Christian.
Je t'en prie,

Un seul mot !

RAGUENEAU
Et Vénus sut occuper leur œil

251

Pour que Diane, en secret, pût passer...
Il brandit un gigot.

son chevreuil!
Enthousiasme. Le gigot est saisi par vingt mains tendues.

CYRANO, *bas à Christian.*

2025 Je voudrais te parler!

ROXANE, *aux cadets qui redescendent,*
les bras chargés de victuailles.

Posez cela par terre!
Elle met le couvert sur l'herbe, aidée des deux laquais imperturbables
qui étaient derrière le carrosse.

ROXANE, *à Christian, au moment*
où Cyrano allait l'entraîner à part.

Vous, rendez-vous utile!
Christian vient l'aider. Mouvement d'inquiétude de Cyrano.

RAGUENEAU

Un paon truffé!

PREMIER CADET, *épanoui, qui descend en coupant*
une large tranche de jambon.

Tonnerre!
Nous n'aurons pas couru notre dernier hasard
Sans faire un gueuleton...
Se reprenant vivement en voyant Roxane.

pardon! un balthazar[1]!

RAGUENEAU, *lançant les coussins du carrosse.*
Les coussins sont remplis d'ortolans!
Tumulte. On éventre les coussins. Rire. Joie.

TROISIÈME CADET

Ah! viédaze[2]!

---

1. *Balthazar* : au XIXe siècle, mot poli pour « gueuleton », par allusion aux festins
auxquels se livrait le roi de Babylone pendant que Cyrus assiégeait sa capitale.
2. *Viédaze* : aubergine (mot populaire utilisé dans le sud de la France).

RAGUENEAU, *lançant des flacons de vin rouge.*
2030 Des flacons de rubis!...
De vin blanc.

                    Des flacons de topaze!

       ROXANE, *jetant une nappe pliée à la figure de Cyrano.*
Défaites cette nappe!... Eh! hop! Soyez léger!

       RAGUENEAU, *brandissant une lanterne arrachée.*
Chaque lanterne est un petit garde-manger!

       CYRANO, *bas à Christian, pendant qu'ils arrangent la nappe*
ensemble.
Il faut que je te parle avant que tu lui parles!

       RAGUENEAU, *de plus en plus lyrique.*
Le manche de mon fouet est un saucisson d'Arles!

       ROXANE, *versant du vin, servant.*
2035 Puisqu'on nous fait tuer, morbleu! nous nous moquons
Du reste de l'armée! — Oui! tout pour les Gascons!
Et si de Guiche vient, personne ne l'invite!
Allant de l'un à l'autre.
Là, vous avez le temps. — Ne mangez pas si vite! -
Buvez un peu. — Pourquoi pleurez-vous?

                PREMIER CADET

                        C'est trop bon!

                ROXANE
2040 Chut! — Rouge ou blanc? — Du pain pour monsieur de Carbon!
— Un couteau! — Votre assiette! — Un peu de croûte? Encore?
— Je vous sers! — Du bourgogne? — Une aile?

       CYRANO, *qui la suit, les bras chargés de plats, l'aidant à servir.*
                      Je l'adore!

            ROXANE, *allant à Christian.*
Vous?

                CHRISTIAN
   Rien.

                ROXANE
Si! ce biscuit, dans du muscat... deux doigts!

CHRISTIAN, *essayant de la retenir.*
Oh! dites-moi pourquoi vous vîntes?

ROXANE
Je me dois
2045 À ces malheureux... Chut! Tout à l'heure!...

LE BRET, *qui était remonté au fond, pour passer, au bout d'une
lance, un pain à la sentinelle du talus.*
De Guiche!

CYRANO
Vite, cachez flacon, plat, terrine, bourriche[1]!
Hop! — N'ayons l'air de rien!...
À Ragueneau.
Toi, remonte d'un bond
Sur ton siège! — Tout est caché?...

*En un clin d'œil tout a été repoussé dans les tentes, ou caché sous les
vêtements, sous les manteaux, dans les feutres. — De Guiche entre
vivement — et s'arrête, tout d'un coup, reniflant. — Silence.*

SCÈNE 7. LES MÊMES, DE GUICHE.

DE GUICHE
Cela sent bon.

UN CADET, *chantonnant.*
To lo lo!...

DE GUICHE, *s'arrêtant et le regardant.*
Qu'avez-vous, vous?... Vous êtes tout rouge!

LE CADET
2050 Moi?... Mais rien. C'est le sang. On va se battre : il bouge!

---

1. *Bourriche :* panier contenant du gibier ou du poisson.

UN AUTRE

Poum... poum... poum...

DE GUICHE, *se retournant.*
Qu'est cela?

LE CADET, *légèrement gris.*
Rien! C'est une chanson!

Une petite...

DE GUICHE
Vous êtes gai, mon garçon!

LE CADET
L'approche du danger!

DE GUICHE, *appelant Carbon de Castel-Jaloux,*
pour donner un ordre.
Capitaine! je...

Il s'arrête en le voyant.

Peste!

Vous avez bonne mine aussi!

CARBON, *cramoisi, et cachant une bouteille derrière son dos,*
avec un geste évasif.
Oh!...

DE GUICHE
Il me reste

2055 Un canon que j'ai fait porter...
Il montre un endroit dans la coulisse.

là, dans ce coin,
Et vos hommes pourront s'en servir au besoin.

UN CADET, *se dandinant.*
Charmante attention!

UN AUTRE, *lui souriant gracieusement.*
Douce sollicitude!

DE GUICHE
Ah çà! mais ils sont fous!
Sèchement.

N'ayant pas l'habitude
Du canon, prenez garde au recul.

LE PREMIER CADET
Ah! pfftt!

DE GUICHE, *allant à lui, furieux.*
Mais!...

LE CADET
2060 Le canon des Gascons ne recule jamais!

DE GUICHE, *le prenant par le bras et le secouant.*
Vous êtes gris!... De quoi?

LE CADET, *superbe.*
De l'odeur de la poudre!

DE GUICHE, *haussant les épaules, le repousse
et va vivement à Roxane.*
Vite, à quoi daignez-vous, madame, vous résoudre?

ROXANE
Je reste!

DE GUICHE
Fuyez!

ROXANE
Non!

DE GUICHE
Puisqu'il en est ainsi,
Qu'on me donne un mousquet!

CARBON
Comment?

DE GUICHE
Je reste aussi.

CYRANO
2065 Enfin, Monsieur! voilà de la bravoure pure!

PREMIER CADET
Seriez-vous un Gascon malgré votre guipure[1]?

---

1. *Guipure :* dentelle.

256

ROXANE

Quoi!...

DE GUICHE

Je ne quitte pas une femme en danger.

DEUXIÈME CADET, *au premier.*

Dis donc! Je crois qu'on peut lui donner à manger!
Toutes les victuailles reparaissent comme par enchantement.

DE GUICHE, *dont les yeux s'allument.*

Des vivres!

UN TROISIÈME CADET

Il en sort de sous toutes les vestes!

DE GUICHE, *se maîtrisant, avec hauteur.*

2070 Est-ce que vous croyez que je mange vos restes?

CYRANO, *saluant.*

Vous faites des progrès!

DE GUICHE, *fièrement, et à qui échappe sur le dernier mot
une légère pointe d'accent.*

Je vais me battre à jeun!

PREMIER CADET, *exultant de joie.*

À *jeung*! Il vient d'avoir l'accent!

DE GUICHE, *riant.*

Moi!

LE CADET

C'en est un!

Ils se mettent tous à danser.

CARBON DE CASTEL-JALOUX, *qui a disparu depuis un moment
derrière le talus, reparaissant sur la crête.*

J'ai rangé mes piquiers[1], leur troupe est résolue.
Il montre une ligne de piques qui dépasse la crête.

---

1. *Piquiers :* soldats armés d'une pique.

DE GUICHE, *à Roxane, en s'inclinant.*

Acceptez-vous ma main pour passer leur revue?...

Elle la prend, ils remontent vers le talus. Tout le monde se découvre et les suit.

CHRISTIAN, *allant à Cyrano, vivement.*

2075 Parle vite!

Au moment où Roxane paraît sur la crête, les lances disparaissent, abaissées pour le salut, un cri s'élève : elle s'incline.

LES PIQUIERS, *au-dehors.*

Vivat!

CHRISTIAN

Quel était ce secret?

CYRANO

Dans le cas où Roxane...

CHRISTIAN

Eh bien?

CYRANO

Te parlerait

Des lettres?...

CHRISTIAN

Oui, je sais!...

CYRANO

Ne fais pas la sottise

De t'étonner...

CHRISTIAN

De quoi?

CYRANO

Il faut que je te dise!...

Oh! mon Dieu, c'est tout simple, et j'y pense aujourd'hui
2080 En la voyant. Tu lui...

CHRISTIAN

Parle vite!

CYRANO

Tu lui...

As écrit plus souvent que tu ne crois.

CHRISTIAN

Hein?

CYRANO

Dame!

Je m'en étais chargé : j'interprétais ta flamme!
J'écrivais quelquefois sans te dire : j'écris!

CHRISTIAN

Ah!

CYRANO

C'est tout simple!

CHRISTIAN

Mais comment t'y es-tu pris,
2085 Depuis qu'on est bloqué pour?...

CYRANO

Oh!... avant l'aurore

Je pouvais traverser...

CHRISTIAN, *se croisant les bras.*

Ah! c'est tout simple encore?
Et qu'ai-je écrit de fois par semaine? Deux? Trois?...
Quatre?

CYRANO

Plus.

CHRISTIAN

Tous les jours?

CYRANO

Oui, tous les jours. Deux fois.

CHRISTIAN, *violemment.*

Et cela t'enivrait, et l'ivresse était telle
2090 Que tu bravais la mort...

CYRANO, *voyant Roxane qui revient.*

Tais-toi! Pas devant elle!

Il rentre vivement dans sa tente.

259

SCÈNE 8. ROXANE, CHRISTIAN; *au fond, allées et venues de* CADETS. CARBON *et* DE GUICHE *donnent des ordres.*

ROXANE, *courant à Christian.*
Et maintenant, Christian!...

CHRISTIAN, *lui prenant les mains.*
Et maintenant, dis-moi
Pourquoi, par ces chemins effroyables, pourquoi
À travers tous ces rangs de soudards et de reîtres[1],
Tu m'as rejoint ici?

ROXANE
C'est à cause des lettres!

CHRISTIAN
2095 Tu dis?

ROXANE
Tant pis pour vous si je cours ces dangers!
Ce sont vos lettres qui m'ont grisée! Ah! songez
Combien depuis un mois vous m'en avez écrites,
Et plus belles toujours!

CHRISTIAN
Quoi! pour quelques petites
Lettres d'amour...

ROXANE
Tais-toi! Tu ne peux pas savoir!
2100 Mon Dieu, je t'adorais, c'est vrai, depuis qu'un soir,
D'une voix que je t'ignorais, sous ma fenêtre,
Ton âme commença de se faire connaître...
Eh bien! tes lettres, c'est, vois-tu, depuis un mois,
Comme si tout le temps, je l'entendais, ta voix

---

1. *Reîtres* : ce mot venant de l'allemand *Reiter*, cavalier, a pris le sens de « soudard », « guerrier brutal ».

Christian (Vincent Perez) et Roxane (Anne Brochet)
dans le film de Jean-Paul Rappeneau, 1990.

261

2105 De ce soir-là, si tendre, et qui vous enveloppe!
Tant pis pour toi, j'accours. La sage Pénélope[1]
Ne fût pas demeurée à broder sous son toit,
Si le Seigneur Ulysse eût écrit comme toi;
Mais pour le joindre, elle eût, aussi folle qu'Hélène[2],
2110 Envoyé promener ses pelotons de laine!...

CHRISTIAN

Mais...

ROXANE

Je lisais, je relisais, je défaillais,
J'étais à toi. Chacun de ces petits feuillets
Était comme un pétale envolé de ton âme.
On sent, à chaque mot de ces lettres de flamme,
2115 L'amour puissant, sincère...

CHRISTIAN
Ah! sincère et puissant?

Cela se sent, Roxane?...

ROXANE
Oh! si cela se sent!

CHRISTIAN

Et vous venez?...

ROXANE
Je viens — ô mon Christian, mon maître!
Vous me relèveriez si je voulais me mettre
À vos genoux, c'est donc mon âme que j'y mets,
2120 Et vous ne pourrez plus la relever jamais! —
Je viens te demander pardon (et c'est bien l'heure

---

1. *Pénélope* : épouse d'Ulysse. Elle défaisait, la nuit, la toile qu'elle tissait le
jour, de façon à décourager les prétendants qui attendaient la fin de l'ouvrage.
Cette image est reprise à l'acte V, lorsque Cyrano désespère de voir la fin de la
tapisserie de Roxane (V, 5).
2. *Hélène* : princesse grecque. Elle fut enlevée par Pâris, ce qui déclencha la
guerre de Troie.

De demander pardon, puisqu'il se peut qu'on meure!)
De t'avoir fait d'abord, dans ma frivolité,
L'insulte de t'aimer pour ta seule beauté!

CHRISTIAN, *avec épouvante.*

2125 Ah! Roxane!

ROXANE

Et plus tard, mon ami, moins frivole,
— Oiseau qui saute avant tout à fait qu'il s'envole —
Ta beauté m'arrêtant, ton âme m'entraînant,
Je t'aimais pour les deux ensemble!...

CHRISTIAN

Et maintenant?

ROXANE

Eh bien! toi-même enfin l'emporte sur toi-même
2130 Et ce n'est plus que pour ton âme que je t'aime.

CHRISTIAN, *reculant.*

Ah! Roxane!

ROXANE

Sois donc heureux. Car n'être aimé
Que pour ce dont on est un instant costumé,
Doit mettre un cœur avide et noble à la torture;
Mais ta chère pensée efface ta figure,
2135 Et la beauté par quoi tout d'abord tu me plus,
Maintenant j'y vois mieux... et je ne la vois plus!

CHRISTIAN

Oh!...

ROXANE

Tu doutes encor d'une telle victoire?...

CHRISTIAN, *douloureusement.*

Roxane!

ROXANE

Je comprends, tu ne peux pas y croire,
2140 À cet amour?...

263

CHRISTIAN

Je ne veux pas de cet amour!
Moi, je veux être aimé plus simplement pour...

ROXANE

Pour
Ce qu'en vous elles ont aimé jusqu'à cette heure?
Laissez-vous donc aimer d'une façon meilleure!

CHRISTIAN

Non! c'était mieux avant!

ROXANE

Ah! tu n'y entends rien!
2145 C'est maintenant que j'aime mieux, que j'aime bien!
C'est ce qui te fait toi, tu m'entends, que j'adore,
Et moins brillant...

CHRISTIAN

Tais-toi!

ROXANE

Je t'aimerais encore!
Si toute ta beauté d'un coup s'envolait...

CHRISTIAN

Oh! ne dis pas cela!

ROXANE

Si! je le dis!

CHRISTIAN

Quoi? laid?

ROXANE

2150 Laid! je le jure!

CHRISTIAN

Dieu!

ROXANE

Et ta joie est profonde?

CHRISTIAN, *d'une voix étouffée.*

Oui...

264

ROXANE

Qu'as-tu?...

CHRISTIAN, *la repoussant doucement.*

Rien. Deux mots à dire : une seconde...

ROXANE

Mais?...

CHRISTIAN, *lui montrant un groupe de cadets, au fond.*

À ces pauvres gens mon amour t'enleva :
Va leur sourire un peu puisqu'ils vont mourir... va !

ROXANE, *attendrie.*

Cher Christian!

Elle remonte vers les Gascons qui s'empressent respectueusement autour d'elle.

265

Acte IV Scènes 6 à 8

LE FESTIN ET SES MIRACLES

1. Quels sont les deux moments de la scène 6 ?

2. Analysez le comique du pays de cocagne où tout est fait de nourriture. Comment le spectateur perçoit-il, dans cette situation, les apartés où Cyrano veut s'adresser à Christian et Christian à Roxane ?

3. Les effets produits par le festin après la pénurie sont faciles. Mais comment manipuler et utiliser la nourriture sur une scène de théâtre ? Comment percevez-vous cette représentation de la fête ?

L'ÉVOLUTION DES PERSONNAGES

4. Comment s'explique la « gasconisation » de De Guiche (sc. 7) ? Devenant, petit à petit, un personnage « positif », perd-il son originalité et son identité ? Justifiez votre réponse.
Pourquoi tous les personnages de la pièce ont-ils cette évolution unanime vers des caractères positifs ? Quelles conséquences en tirez-vous sur le rôle supposé de l'appartenance à un groupe, de l'esprit de corps, de l'« éducation » pour la guerre ? Discutez l'idéologie sous-jacente à ce processus.

5. Les échanges de Cyrano et Christian deviennent de plus en plus brefs et la tension monte. Analysez cette évolution, et notamment celle du personnage de Christian (sc. 7).

6. Étudiez la conversion de Roxane (sc. 8). Comment expliquez-vous cette transformation intérieure ?
Que pensez-vous des trois étapes de la conversion de Roxane (corps/corps et âme/âme seule) ?

7. Comparez les paroles de Christian et de Roxane, le déséquilibre de leur dialogue (sc. 8). Montrez que Christian accomplit, lui aussi, une évolution intérieure, mais inverse de celle de son épouse.

8. Roxane est à la fois celle qui apporte la joie et le répit à ceux qui vont mourir et celle qui, pensant retrouver l'âme de son mari, ne retrouve qu'un corps et bientôt un cadavre. Analysez les implications symboliques de cette apparition de la femme au milieu du « couple » Christian-Cyrano.

SCÈNE 9.   CHRISTIAN, CYRANO;
au fond ROXANE, *causant avec* CARBON
et QUELQUES CADETS.

CHRISTIAN, *appelant vers la tente de Cyrano.*
Cyrano?

CYRANO, *reparaissant, armé pour la bataille.*
Qu'est-ce? Te voilà blême!

CHRISTIAN

2155 Elle ne m'aime plus!

CYRANO
Comment?

CHRISTIAN
C'est toi qu'elle aime!

CYRANO

Non!

CHRISTIAN
Elle n'aime plus que mon âme!

CYRANO
Non!

CHRISTIAN
Si!
C'est donc bien toi qu'elle aime — et tu l'aimes aussi!

CYRANO

Moi?

CHRISTIAN

Je le sais.

CYRANO
C'est vrai.

CHRISTIAN
Comme un fou.

CYRANO
Davantage.

267

CHRISTIAN

Dis-le-lui!

CYRANO

Non!

CHRISTIAN

Pourquoi?

CYRANO

Regarde mon visage!

CHRISTIAN

2160 Elle m'aimerait laid!

CYRANO

Elle te l'a dit?

CHRISTIAN

Là!

CYRANO

Ah! je suis bien content qu'elle t'ait dit cela!
Mais va, va, ne crois pas cette chose insensée!
— Mon Dieu, je suis content qu'elle ait eu la pensée
De la dire, — mais va, ne la prends pas au mot,
2165 Va, ne deviens pas laid : elle m'en voudrait trop!

CHRISTIAN

C'est ce que je veux voir!

CHRISTIAN

Non, non!

CHRISTIAN

Qu'elle choisisse!

Tu vas lui dire tout!

CYRANO

Non, non! Pas ce supplice.

CHRISTIAN

Je tuerais ton bonheur parce que je suis beau?
C'est trop injuste!

CYRANO

Et moi, je mettrais au tombeau

268

2170 Le tien parce que, grâce au hasard qui fait naître,
J'ai le don d'exprimer... ce que tu sens peut-être?

CHRISTIAN

Dis-lui tout!

CYRANO

Il s'obstine à me tenter, c'est mal!

CHRISTIAN

Je suis las de porter en moi-même un rival!

CYRANO

Christian!

CHRISTIAN

Notre union, sans témoins, clandestine,
2175 Peut se rompre, si nous survivons!

CYRANO

Il s'obstine!...

CHRISTIAN

Oui, je veux être aimé moi-même, ou pas du tout!
Je vais voir ce qu'on fait, tiens! Je vais jusqu'au bout
Du poste; je reviens : parle, et qu'elle préfère
L'un de nous deux!

CYRANO

Ce sera toi!

CHRISTIAN

Mais... je l'espère!

Il appelle.
2180 Roxane!

CYRANO

Non! Non!

ROXANE, *courant.*

Quoi?

CHRISTIAN

Cyrano vous dira

Une chose importante...
Elle va vivement à Cyrano. Christian sort.

269

SCÈNE 10. ROXANE, CYRANO, *puis* LE BRET, CARBON DE CASTEL-JALOUX, LES CADETS, RAGUENEAU, DE GUICHE, *etc.*

ROXANE

Importante?

CYRANO, *éperdu.*

Il s'en va!...

À Roxane.

Rien... Il attache, — oh! Dieu! vous devez le connaître! — De l'importance à rien!

ROXANE, *vivement.*

Il a douté peut-être
De ce que j'ai dit là?... J'ai vu qu'il a douté!..

CYRANO, *lui prenant la main.*

2185 Mais avez-vous bien dit, d'ailleurs, la vérité?

ROXANE

Oui, oui, je l'aimerais même...
Elle hésite une seconde.

CYRANO, *souriant tristement.*

Le mot vous gêne

Devant moi?

ROXANE

Mais...

CYRANO

Il ne me fera pas de peine!
— Même laid?

ROXANE

Même laid!
Mousqueterie au-dehors.

Ah! tiens, on a tiré.

CYRANO, *ardemment.*

Affreux?

270

ROXANE

Affreux!

CYRANO

Défiguré?

ROXANE
Défiguré!

CYRANO

2190 Grotesque?

ROXANE
Rien ne peut me le rendre grotesque!

CYRANO

Vous l'aimeriez encore?

ROXANE
Et davantage presque!

CYRANO, *perdant la tête, à part.*
Mon Dieu, c'est vrai, peut-être, et le bonheur est là.
À Roxane.
Je... Roxane... écoutez!...

LE BRET, *entrant rapidement, appelle à mi-voix.*
Cyrano!

CYRANO, *se retournant.*
Hein?

LE BRET
Chut!

Il lui dit un mot tout bas.

CYRANO, *laissant échapper la main de Roxane, avec un cri.*
Ah!...

ROXANE

Qu'avez-vous?

CYRANO, *à lui-même, avec stupeur.*
C'est fini.
Détonations nouvelles.

271

ROXANE

Quoi? Qu'est-ce encore? On tire?

Elle remonte pour regarder au-dehors.

CYRANO

2195 C'est fini, jamais plus je ne pourrai le dire!

ROXANE, *voulant s'élancer.*

Que se passe-t-il?

CYRANO, *vivement, l'arrêtant.*

Rien!

Des cadets sont entrés, cachant quelque chose qu'ils portent, et ils forment un groupe empêchant Roxane d'approcher.

ROXANE

Ces hommes?

CYRANO, *l'éloignant.*

Laissez-les!...

ROXANE

Mais qu'alliez-vous me dire avant?...

CYRANO

Ce que j'allais

Vous dire?... rien, oh! rien, je le jure, madame!

Solennellement.

Je jure que l'esprit de Christian, que son âme

2200 Étaient...

Se reprenant avec terreur.

Sont les plus grands...

ROXANE

Étaient?

Avec un grand cri.

Ah!...

Elle se précipite et écarte tout le monde.

CYRANO

C'est fini.

ROXANE, *voyant Christian couché dans son manteau.*

Christian!

LE BRET, *à Cyrano.*
Le premier coup de feu de l'ennemi!
Roxane se jette sur le corps de Christian. Nouveaux coups de feu.
Cliquetis. Rumeurs. Tambours.

CARBON DE CASTEL-JALOUX, *l'épée au poing.*
C'est l'attaque! Aux mousquets!
Suivis des cadets, il passe de l'autre côté du talus.

ROXANE
Christian.

LA VOIX DE CARBON, *derrière le talus.*
Qu'on se dépêche!

ROXANE
Christian!

CARBON
Alignez-vous!

Christian (Vincent Perez) et Roxane (Anne Brochet)
dans le film de J.-P. Rappeneau, 1990.

273

ROXANE

Christian!

CARBON

Mesurez... mèche!

Ragueneau est accouru, apportant de l'eau dans un casque.

CHRISTIAN, *d'une voix mourante.*

Roxane!...

CYRANO, *vite et bas à l'oreille de Christian, pendant que Roxane affolée trempe dans l'eau, pour le panser, un morceau de linge arraché à sa poitrine.*

J'ai tout dit. C'est toi qu'elle aime encor!

Christian ferme les yeux.

ROXANE

2205 Quoi, mon amour?

CARBON

Baguette haute!

ROXANE, *à Cyrano.*

Il n'est pas mort?...

CARBON

Ouvrez la charge avec les dents!

ROXANE

Je sens sa joue

Devenir froide, là, contre la mienne!

CARBON

En joue!

ROXANE

Une lettre sur lui!

Elle l'ouvre.

Pour moi!

CYRANO, *à part.*

Ma lettre!

CARBON

Feu!

Mousquetaire. Cris. Bruit de bataille.

274

CYRANO, *voulant dégager sa main que tient Roxane agenouillée.*
Mais, Roxane, on se bat!

ROXANE, *le retenant.*
Restez encore un peu.
2210 Il est mort. Vous étiez le seul à le connaître.
Elle pleure doucement.
N'est-ce pas que c'était un être exquis, un être
Merveilleux?

CYRANO, *debout, tête nue.*
Oui, Roxane.

ROXANE
Un poète inouï,

Adorable?

CYRANO
Oui, Roxane.

ROXANE
Un esprit sublime?

CYRANO
Oui,

Roxane!

ROXANE
Un cœur profond, inconnu du profane,
2215 Une âme magnifique et charmante?

CYRANO, *fermement.*
Oui, Roxane!

ROXANE, *se jetant sur le corps de Christian.*
Il est mort!

CYRANO, *à part, tirant l'épée.*
Et je n'ai qu'à mourir aujourd'hui,
Puisque, sans le savoir, elle me pleure en lui!
Trompettes au loin.

DE GUICHE, *qui reparaît sur le talus, décoiffé, blessé au front,
d'une voix tonnante.*
C'est le signal promis! Des fanfares de cuivres!

275

Les Français vont rentrer au camp avec des vivres!
2220 Tenez encore un peu!

ROXANE

Sur sa lettre, du sang,

Des pleurs!

UNE VOIX, au-dehors, criant.

Rendez-vous!

VOIX DES CADETS

Non!

RAGUENEAU, qui, grimpé, sur son carrosse, regarde la bataille
par-dessus le talus.

Le péril va croissant!

CYRANO, à de Guiche lui montrant Roxane.

Emportez-la! Je vais charger!

ROXANE, baisant la lettre, d'une voix mourante.

Son sang! ses larmes!...

RAGUENEAU, sautant à bas du carrosse pour courir vers elle.

Elle s'évanouit!

DE GUICHE, sur le talus, aux cadets, avec rage.

Tenez bon!

UNE VOIX, au-dehors.

Bas les armes!

VOIX DES CADETS

Non!

CYRANO, à de Guiche.

Vous avez prouvé, Monsieur, votre valeur :

Lui montrant Roxane.

2225 Fuyez en la sauvant !

DE GUICHE, qui court à Roxane et l'enlève dans ses bras.

Soit! Mais on est vainqueur

Si vous gagnez du temps!

CYRANO

C'est bon!

276

Criant vers Roxane que de Guiche, aidé de Ragueneau, emporte évanouie.

Adieu, Roxane !

Tumulte. Cris. Des cadets reparaissent blessés et viennent tomber en scène. Cyrano se précipitant au combat est arrêté sur la crête par Carbon de Castel-Jaloux, couvert de sang.

CARBON

Nous plions ! J'ai reçu deux coups de pertuisane !

CYRANO, *criant aux Gascons.*

Hardi ! Reculès pas, drollos !
À Carbon, qu'il soutient.

N'ayez pas peur !

J'ai deux morts à venger : Christian et mon bonheur !
Ils redescendent. Cyrano brandit la lance où est attaché le mouchoir de Roxane.

2230 Flotte, petit drapeau de dentelle à son chiffre !
Il la plante en terre ; il crie aux cadets.
Toumbè dèssus ! Escrasas lous !
Au fifre.

Un air de fifre !

Le fifre joue. Des blessés se relèvent. Des cadets, dégringolant le talus, viennent se grouper autour de Cyrano et du petit drapeau. Le carrosse se couvre et se remplit d'hommes, se hérisse d'arquebuses, se transforme en redoute.

UN CADET, *paraissant, à reculons, sur la crête,*
se battant toujours, crie :

Ils montent le talus !
Et tombe mort.

CYRANO

On va les saluer !

Le talus se couronne en un instant d'une rangée terrible d'ennemis. Les grands étendards des Impériaux se lèvent.

CYRANO

Feu !
Décharge générale.

277

CRI, *dans les rangs ennemis.*

Feu!

Riposte meurtrière. Les cadets tombent de tous côtés.

UN OFFICIER ESPAGNOL, *se découvrant.*

Quels sont ces gens qui se font tous tuer?

CYRANO, *récitant debout au milieu des balles.*

Ce sont les cadets de Gascogne

2235 De Carbon de Castel-Jaloux;

Bretteurs et menteurs sans vergogne...

Il s'élance, suivi de quelques survivants.

Ce sont les cadets...

Le reste se perd dans la bataille.

RIDEAU

Acte IV Scènes 9 et 10

LES AVEUX DÉTOURNÉS

1. Le début de la scène 9 peut-il être considéré comme un dialogue allégorique (voir p. 346) entre le corps et l'âme ? Justifiez votre réponse.

2. L'aveu d'amour est d'abord fait à Christian, le double corporel de Cyrano. Montrez que pour aucun des personnages l'aveu d'amour ne peut être direct, que chacun est prisonnier de son mensonge, de son alliance avec l'autre.

3. Pourtant, les masques tombent enfin. La scène 9 est l'une des plus pathétiques de la pièce. Quels facteurs en rendent si fort le caractère dramatique et tragique ?

4. À la différence de la précédente, la scène (v. 2186 à 2197) continue la « comédie » que Cyrano ne peut pas jouer à Roxane. L'aveu amoureux est pourtant remplacé par un autre aveu (« Je l'aimerais... même laid ! »). Quelle importance a cette référence à la laideur dans la scène ? Dans la relation de Cyrano et Roxane ?

5. À votre avis, pourquoi entend-on tirer juste après l'aveu de Roxane ? Quel effet Rostand a-t-il voulu chercher ?

6. Le grotesque, alliance des contraires, de l'âme et du corps, du sublime et du laid, est abondamment exploité par Rostand dans cette pièce. Celui-ci admirait beaucoup *les Grotesques* de Théophile Gautier (1844) où il est question de poètes préclassiques et extravagants, comme Théophile de Viau, Saint-Amant, Scarron et... Cyrano de Bergerac. La notion de grotesque caractérise-t-elle, d'après vous, le personnage du Cyrano créé par Rostand ? Justifiez votre réponse.

LES RENVERSEMENTS POSSIBLES

7. Pourquoi la confidence de Cyrano, à peine ébauchée (v. 2198), pourrait-elle constituer un tournant de la pièce ? Qu'est-ce qui la rend ensuite impossible ?

8. Le cri de douleur de Cyrano lorsqu'il apprend la mort de Christian est aussi celui de « son » corps. Dans un tel moment, comment l'action et le sens peuvent-ils être montrés au théâtre ?

9. Comment interprétez-vous la mort de Christian ? Qu'est-ce qui fait penser à un suicide ? Pourquoi n'est-ce pas clairement explicité par l'un des personnages ?

10. La fonction du pieux mensonge de Cyrano à son ami (v. 2204) est claire, mais sa réalisation scénique est très délicate. Comment peut-on représenter la mort au théâtre ? D'après vous, doit-elle être l'objet d'un récit (comme dans la tragédie classique) ou (comme ici) l'occasion d'une représentation directe ? Quels problèmes posent chacune des deux options ?

Ensemble de l'acte IV

1. Analysez la tension et la progression dramatique. Quels sont les deux grands moments de cet acte et comment sont-ils liés ? Comment les qualifieriez-vous ? Répertoriez les difficultés de mise en scène de l'attente, puis du combat.
Trouvez-vous qu'il y ait des longueurs dans cet acte ? Justifiez votre point de vue.
Quelles sont les difficultés rencontrées dans la composition d'un drame historique et d'une comédie de cape et d'épée ?
Quels conseils donneriez-vous au scénographe et aux acteurs pour utiliser au mieux l'espace scénique ?

2. Comment Rostand réussit-il à traiter de manière théâtrale la scène de la bataille et le drame privé des trois principaux personnages ? Montrez que les deux types de situation sont imbriqués dans cet acte.

3. Lisez-vous ce final comme une apologie de la guerre ? Pourquoi ? Le drame héroïque, lorsqu'il tire un peu trop sur la corde sensible, risque soit de paraître excessif, soit d'être un peu ridicule et parodique à l'excès. Où situez-vous la pièce entre ces deux écueils ? Pour quelles raisons ?

Acte V

La gazette de Cyrano

Quinze ans après, en 1655. Le parc du couvent que les Dames de la Croix occupaient à Paris[1].
Superbes ombrages. À gauche, la maison; vaste perron sur lequel ouvrent plusieurs portes. Un arbre énorme au milieu de la scène, isolé au milieu d'une petite place ovale. À droite, premier plan, parmi de grands buis, un banc de pierre demi-circulaire.
Tout le fond du théâtre est traversé par une allée de marronniers qui aboutit à droite, quatrième plan, à la porte d'une chapelle entrevue parmi les branches. À travers le double rideau d'arbres de cette allée, on aperçoit des fuites de pelouses, d'autres allées, des bosquets, les profondeurs du parc, le ciel.
La chapelle ouvre une porte latérale sur une colonnade enguirlandée de vigne rougie, qui vient se perdre à droite, au premier plan, derrière les buis.
C'est l'automne. Toute la frondaison est rousse au-dessus des pelouses fraîches. Taches sombres des buis et des ifs restés verts. Une plaque de feuilles jaunes sous chaque arbre. Les feuilles jonchent toute la scène, craquent sous les pas dans les allées, couvrent à demi le perron et les bancs.
Entre le banc de droite et l'arbre, un grand métier à broder devant lequel une petite chaise a été apportée. Paniers pleins d'écheveaux et de pelotons. Tapisserie commencée.
Au lever du rideau, des sœurs vont et viennent dans le parc; quelques-unes sont assises sur le banc autour d'une religieuse plus âgée. Des feuilles tombent.

---

1. Le couvent des Dames de la Croix a bien existé. Il fut fondé en 1637 par Mère Marguerite de Jésus.

SCÈNE PREMIÈRE.   MÈRE MARGUERITE,
SŒUR MARTHE, SŒUR CLAIRE, LES SŒURS.

SŒUR MARTHE, *à Mère Marguerite.*
Sœur Claire a regardé deux fois comment allait
Sa cornette, devant la glace.

MÈRE MARGUERITE, *à sœur Claire.*
C'est très laid.

SŒUR CLAIRE

2240 Mais sœur Marthe a repris un pruneau de la tarte,
Ce matin : je l'ai vu.

MÈRE MARGUERITE, *à sœur Marthe.*
C'est très vilain, sœur Marthe.

SŒUR CLAIRE

Un tout petit regard!

SŒUR MARTHE
Un tout petit pruneau!

MÈRE MARGUERITE, *sévèrement.*
Je le dirai, ce soir, à Monsieur Cyrano.

SŒUR CLAIRE, *épouvantée.*
Non! il va se moquer!

SŒUR MARTHE
Il dira que les nonnes

2245 Sont très coquettes!

SŒUR CLAIRE
Très gourmandes!

MÈRE MARGUERITE, *souriant.*
Et très bonnes.

SŒUR CLAIRE

N'est-ce pas, Mère Marguerite de Jésus,
Qu'il vient, le samedi, depuis dix ans!

MÈRE MARGUERITE

Et plus!
Depuis que sa cousine à nos béguins[1] de toile
Mêla le deuil mondain de sa coiffe de voile,
2250 Qui chez nous vint s'abattre, il y a quatorze ans,
Comme un grand oiseau noir parmi les oiseaux blancs!

SŒUR MARTHE

Lui seul, depuis qu'elle a pris chambre dans ce cloître,
Sait distraire un chagrin qui ne veut pas décroître.

TOUTES LES SŒURS

Il est si drôle! — C'est amusant quand il vient!
2255 — Il nous taquine! — Il est gentil! — Nous l'aimons bien !
— Nous fabriquons pour lui des pâtes d'angélique!

SŒUR MARTHE

Mais enfin, ce n'est pas un très bon catholique[2]!

SŒUR CLAIRE

Nous le convertirons.

LES SŒURS

Oui! Oui!

MÈRE MARGUERITE

Je vous défends
De l'entreprendre encor sur ce point, mes enfants.
2260 Ne le tourmentez pas : il viendrait moins peut-être!

SŒUR MARTHE

Mais... Dieu!...

MÈRE MARGUERITE

Rassurez-vous : Dieu doit bien le connaître.

---

1. *Béguins* : coiffes portées par les béguines, femmes qui, sans avoir prononcé de vœux comme les religieuses, vivaient dans un couvent.
2. Le véritable Cyrano, après une vie assez dissolue et malgré une philosophie proche de l'athéisme, mourut en bon chrétien le 28 juillet 1655.

SŒUR MARTHE

Mais chaque samedi, quand il vient d'un air fier,
Il me dit en entrant : « Ma sœur, j'ai fait gras, hier! »

MÈRE MARGUERITE

Ah! il vous dit cela?... Eh bien! la fois dernière
2265 Il n'avait pas mangé depuis deux jours.

SŒUR MARTHE

Ma mère!

MÈRE MARGUERITE

Il est pauvre.

SŒUR MARTHE

Qui vous l'a dit?

MÈRE MARGUERITE

Monsieur Le Bret.

SŒUR MARTHE

On ne le secourt pas?

MÈRE MARGUERITE

Non, il se fâcherait.

*Dans une allée du fond, on voit apparaître Roxane, vêtue de noir, avec la
coiffe des veuves et de longs voiles; de Guiche, magnifique et vieillissant,
marche auprès d'elle. Ils vont à pas lents. Mère Marguerite se lève.*

Allons, il faut rentrer... Madame Magdeleine,
Avec un visiteur, dans le parc se promène.

SŒUR MARTHE, *bas à sœur Claire.*

2270 C'est le duc-maréchal de Gramont?

SŒUR CLAIRE, *regardant.*

Oui, je crois.

Il n'était plus venu la voir depuis des mois!

LES SŒURS

Il est très pris! — La cour! — Les camps!

SŒUR CLAIRE

Les soins du monde!

*Elles sortent. De Guiche et Roxane descendent en silence et s'arrêtent
près du métier. Un temps.*

284

SCÈNE 2. ROXANE, LE DUC DE GRAMONT ANCIEN COMTE DE GUICHE, *puis* LE BRET *et* RAGUENEAU.

LE DUC

Et vous demeurez ici, vainement blonde,
Toujours en deuil?

ROXANE

Toujours.

LE DUC

Aussi fidèle?

ROXANE

Aussi.

LE DUC, *après un temps.*

2275 Vous m'avez pardonné?

ROXANE, *simplement, regardant la croix du couvent.*

Puisque je suis ici.

Nouveau silence.

LE DUC

Vraiment c'était un être?...

ROXANE

Il fallait le connaître!

LE DUC

Ah! Il fallait?... Je l'ai trop peu connu, peut-être!
Et son dernier billet, sur votre cœur, toujours?

ROXANE

Comme un doux scapulaire[1], il pend à ce velours.

---

1. *Scapulaire* : objet de dévotion, généralement constitué d'un morceau d'étoffe bénie et porté autour du cou.

Projet de costume pour Roxane
par Jacques Dupont en 1964.
Bibliothèque de la Comédie-Française.

LE DUC

2280 Même mort, vous l'aimez?

ROXANE

Quelquefois il me semble
Qu'il n'est mort qu'à demi, que nos cœurs sont ensemble,
Et que son amour flotte, autour de moi, vivant!

LE DUC, *après un silence encore.*

Est-ce que Cyrano vient vous voir?

ROXANE

Oui, souvent.
— Ce vieil ami, pour moi, remplace les gazettes[1].
2285 Il vient; c'est régulier; sous cet arbre où vous êtes
On place son fauteuil, s'il fait beau; je l'attends
En brodant; l'heure sonne; au dernier coup, j'entends
— Car je ne tourne plus même le front! — sa canne
Descendre le perron; il s'assied; il ricane
2290 De ma tapisserie éternelle[2]; il me fait
La chronique de la semaine, et...

Le Bret paraît sur le perron.

Tiens, Le Bret!

Le Bret descend.

Comment va notre ami?

LE BRET

Mal.

LE DUC

Oh!

ROXANE, *au duc.*

Il exagère!

---

1. Les gazettes sont alors une invention récente.
2. *Tapisserie éternelle :* nouvelle allusion à la tapisserie de Pénélope, faite et défaite, en attendant l'être aimé.

LE BRET

Tout ce que j'ai prédit : l'abandon, la misère!...
Ses épîtres lui font des ennemis nouveaux!
2295 Il attaque les faux nobles, les faux dévots,
Les faux braves, les plagiaires, — tout le monde[1]!

ROXANE

Mais son épée inspire une terreur profonde.
On ne viendra jamais à bout de lui.

LE DUC, *hochant la tête.*

Qui sait!

LE BRET

Ce que je crains, ce n'est pas les attaques, c'est
2300 La solitude, la famine, c'est Décembre
Entrant à pas de loup dans son obscure chambre :
Voilà les spadassins qui plutôt le tueront!
Il serre chaque jour, d'un cran, son ceinturon.
Son pauvre nez a pris des tons de vieil ivoire.
2305 Il n'a plus qu'un petit habit de serge noire.

LE DUC

Ah! celui-là n'est pas parvenu[2]! — C'est égal,
Ne le plaignez pas trop.

LE BRET, *avec un sourire amer.*

Monsieur le maréchal!...

LE DUC

Ne le plaignez pas trop : il a vécu sans pactes,
Libre dans sa pensée autant que dans ses actes.

LE BRET, *de même.*

2310 Monsieur le duc!...

---

1. Dans ses *Lettres satyriques*, publiées en 1654, le vrai Cyrano de Bergerac s'attaquait aux « faux braves », à un « comte de bas aloi », aux « pilleurs de pensée ».
2. *Parvenu :* personne s'étant élevée socialement en faisant étalage de sa réussite.

LE DUC, *hautainement.*
Je sais, oui : j'ai tout; il n'a rien...
Mais je lui serrerais volontiers la main.
Saluant Roxane.
Adieu.

ROXANE
Je vous conduis.
Le duc salue Le Bret et se dirige avec Roxane vers le perron.

LE DUC, *s'arrêtant, tandis qu'elle monte.*
Oui, parfois, je l'envie.
— Voyez-vous, lorsqu'on a trop réussi sa vie,
On sent, — n'ayant rien fait, mon Dieu, de vraiment mal! —
2315 — Mille petits dégoûts de soi, dont le total
Ne fait pas un remords, mais une gêne obscure;
Et les manteaux de duc traînent, dans leur fourrure,
Pendant que des grandeurs on monte les degrés,
Un bruit d'illusions sèches et de regrets,
2320 Comme, quand vous montez lentement vers ces portes,
Votre robe de deuil traîne des feuilles mortes.

ROXANE, *ironique.*
Vous voilà bien rêveur?...

LE DUC
Eh! oui!
Au moment de sortir, brusquement.
Monsieur Le Bret!
À Roxane.
Vous permettez? Un mot.
Il va à Le Bret, et à mi-voix.
C'est vrai : nul n'oserait
Attaquer votre ami; mais beaucoup l'ont en haine;
2325 Et quelqu'un me disait, hier, au jeu, chez la Reine :
« Ce Cyrano pourrait mourir d'un accident. »

LE BRET
Ah ?

LE DUC
Oui. Qu'il sorte peu. Qu'il soit prudent.

289

LE BRET, *levant les bras au ciel.*

Prudent!

Il va venir. Je vais l'avertir. Oui, mais!...

ROXANE, *qui est restée sur le perron, à une sœur*
qui s'avance vers elle.

Qu'est-ce?

LA SŒUR

Ragueneau veut vous voir, Madame.

ROXANE

Qu'on le laisse

2330 Entrer.
Au duc et à Le Bret.

Il vient crier misère. Étant un jour
Parti pour être auteur, il devint tour à tour
Chantre...

LE BRET

Étuviste[1]...

ROXANE

Acteur...

LE BRET

Bedeau...

ROXANE

Perruquier...

LE BRET

Maître

Du théorbe...

ROXANE

Aujourd'hui, que pourrait-il bien être?

---

1. *Étuvistes* : personnes qui tiennent des étuves, des bains de vapeur, le terme
le plus fréquent est « étuveurs ».

RAGUENEAU, *entrant précipitamment.*
Ah! Madame!
Il aperçoit Le Bret.
      Monsieur!

ROXANE, *souriant.*
      Racontez vos malheurs
2335 À Le Bret. Je reviens.

RAGUENEAU
Mais, Madame...
Roxane sort sans l'écouter, avec le duc. Il redescend vers Le Bret.

SCÈNE 3.   LE BRET, RAGUENEAU.

RAGUENEAU
      D'ailleurs,
Puisque vous êtes là, j'aime mieux qu'elle ignore!
— J'allais voir votre ami tantôt. J'étais encore
À vingt pas de chez lui... quand je le vois, de loin,
Qui sort. Je veux le joindre. Il va tourner le coin
2340 De la rue... et je cours... lorsque d'une fenêtre
Sous laquelle il passait — est-ce un hasard?... peut-être!
— Un laquais laisse choir une pièce de bois.

LE BRET
Les lâches!... Cyrano!

RAGUENEAU
J'arrive et je le vois...

LE BRET
C'est affreux!

RAGUENEAU
Notre ami, Monsieur, notre poète,
2345 Je le vois, là, par terre, un grand trou dans la tête!

LE BRET

Il est mort?

RAGUENEAU

Non! mais... Dieu! je l'ai porté chez lui.
Dans sa chambre... Ah! sa chambre! il faut voir ce réduit!

LE BRET

Il souffre?

RAGUENEAU

Non, Monsieur, il est sans connaissance.

LE BRET

Un médecin?

RAGUENEAU

Il en vint un par complaisance.

LE BRET

2350 Mon pauvre Cyrano! — Ne disons pas cela
Tout d'un coup à Roxane! — Et ce docteur?

RAGUENEAU

Il a
Parlé, — je ne sais plus, — de fièvre, de méninges!...
Ah! si vous le voyiez — la tête dans des linges!...
Courons vite! — Il n'y a personne à son chevet! —
2355 C'est qu'il pourrait mourir, Monsieur, s'il se levait!

LE BRET, *l'entraînant vers la droite.*

Passons par là! Viens, c'est plus court! Par la chapelle!

ROXANE, *paraissant sur le perron et voyant Le Bret
s'éloigner par la colonnade qui mène à la petite porte
de la chapelle.*

Monsieur Le Bret!
Le Bret et Ragueneau se sauvent sans répondre.
Le Bret s'en va quand on l'appelle?
C'est quelque histoire encor de ce bon Ragueneau!
Elle descend le perron.

SCÈNE 4. ROXANE *seule, puis* DEUX SŒURS,
un instant.

ROXANE

Ah! que ce dernier jour de septembre est donc beau!
2360 Ma tristesse sourit. Elle qu'Avril offusque,
Se laisse décider par l'automne, moins brusque.
*Elle s'assied à son métier. Deux sœurs sortent de la maison et apportent
un grand fauteuil sous l'arbre.*
Ah! voici le fauteuil classique où vient s'asseoir
Mon vieil ami!

SŒUR MARTHE
Mais c'est le meilleur du parloir!

ROXANE

Merci, ma sœur.
Les sœurs s'éloignent.
Il va venir.
Elle s'installe. On entend sonner l'heure.
Là... l'heure sonne.
2365 — Mes écheveaux! — L'heure a sonné? Ceci m'étonne!
Serait-il en retard pour la première fois?
La sœur tourière[1] doit — mon dé?... Là, je le vois! —
L'exhorter à la pénitence.
Un temps.
Elle l'exhorte!
— Il ne peut plus tarder. — Tiens! une feuille morte! —
Elle repousse du doigt la feuille tombée sur son métier.
2370 D'ailleurs, rien ne pourrait — mes ciseaux... dans mon sac! —
L'empêcher de venir!

UNE SŒUR, *paraissant sur le perron.*
Monsieur de Bergerac.

---

1. *Sœur tourière* : religieuse qui s'occupe des relations avec le monde extérieur.

Acte V Scènes 1 à 4

NOUVEAU LIEU, NOUVEAU TEMPS

Cet acte se situe bien après les événements précédents. Le lieu choisi, un couvent, est propre au recueillement et à la méditation.

1. Relevez dans la longue didascalie en début d'acte les indices qui suggèrent la fuite du temps et bientôt la mort.

2. La difficulté semble être ici de trouver une tonalité nouvelle après le combat d'Arras et de redonner son mouvement et son rythme à l'action. Quel type de dialogue Rostand a-t-il choisi à cet effet (sc. 1) ?

3. Ce nouveau tableau nécessite une nouvelle exposition de la situation. Comment est-elle réalisée (sc. 1) ?

LES MÊMES... DE QUINZE ANS PLUS ÂGÉS

4. Étudiez le dialogue de Roxane et du duc (ex-de Guiche) dans la scène 2. Montrez l'évolution de ce dernier. Pourquoi est-il fait plusieurs fois mention des silences dans les didascalies ? Quelle va être, à votre avis, l'importance du non-dit et de l'indicible dans cet acte ?

5. Recherchez les passages où les couleurs sont fréquemment mentionnées (sc. 2). Quel est leur symbolisme ?

6. La scène 4 est l'un des très rares et très courts monologues de la pièce. Montrez que le décor se prête à la méditation et à l'évocation des souvenirs. Reconnaît-on encore la Roxane précieuse des actes II et III ? Parleriez-vous d'harmonie, d'apaisement ou d'infantilisation du personnage ? Justifiez votre réponse et explicitez le sens de la retraite de Roxane.

EN ATTENDANT CYRANO

7. Étudiez dans les scènes 1 et 2 comment est préparée la révélation de la scène 3 et l'arrivée de Cyrano.

8. L'attentat est raconté du point de vue de Ragueneau (sc. 3). Comment le dialogue réussit-il à restituer le caractère dramatique de la situation ?

SCÈNE 5. ROXANE, CYRANO, *et, un moment,* SŒUR MARTHE.

ROXANE, *sans se retourner.*

Qu'est-ce que je disais?...
Et elle brode. Cyrano, très pâle, le feutre enfoncé sur les yeux, paraît. La sœur qui l'a introduit rentre. Il se met à descendre le perron lentement, avec un effort visible pour se tenir debout, et en s'appuyant sur sa canne. Roxane travaille à sa tapisserie.

Ah! ces teintes fanées...
Comment les rassortir?
À Cyrano, sur un ton d'amicale gronderie.

Depuis quatorze années,
Pour la première fois, en retard!

CYRANO, *qui est parvenu au fauteuil et s'est assis,*
d'une voix gaie contrastant avec son visage.

Oui, c'est fou!
2375 J'enrage. Je fus mis en retard, vertuchou!...

ROXANE

Par?

CYRANO

Par une visite assez inopportune.

ROXANE, *distraite, travaillant.*

Ah! oui! quelque fâcheux?

CYRANO

Cousine, c'était une
Fâcheuse.

ROXANE

Vous l'avez renvoyée?

CYRANO

Oui, j'ai dit:
Excusez-moi, mais c'est aujourd'hui samedi,
2380 Jour où je dois me rendre en certaine demeure;
Rien ne m'y fait manquer: repassez dans une heure.

295

ROXANE, *légèrement.*

Eh bien! cette personne attendra pour vous voir :
Je ne vous laisse pas partir avant ce soir.

CYRANO, *avec douceur.*

Peut-être un peu plus tôt faudra-t-il que je parte.
Il ferme les yeux et se tait un instant. Sœur Marthe traverse le parc de la chapelle au perron. Roxane l'aperçoit, lui fait un petit signe de tête.

ROXANE, *à Cyrano.*

2385 Vous ne taquinez pas sœur Marthe?

CYRANO, *vivement, ouvrant les yeux.*

Si!

Avec une grosse voix comique.

Sœur Marthe!

Approchez!
La sœur glisse vers lui.

Ha! ha! ha! Beaux yeux toujours baissés!

SŒUR MARTHE, *levant les yeux en souriant.*

Mais...
Elle voit sa figure et fait un geste d'étonnement.

Oh!

CYRANO, *bas, lui montrant Roxane.*

Chut! Ce n'est rien!
D'une voix fanfaronne. Haut.

Hier, j'ai fait gras.

SŒUR MARTHE

Je sais.

À part.

C'est pour cela qu'il est si pâle!
Vite et bas.

Au réfectoire

Vous viendrez tout à l'heure, et je vous ferai boire
2390 Un grand bol de bouillon... Vous viendrez?

CYRANO

Oui, oui, oui.

SŒUR MARTHE

Ah! vous êtes un peu raisonnable, aujourd'hui!

ROXANE, *qui les entend chuchoter.*
Elle essaie de vous convertir?

SŒUR MARTHE
Je m'en garde!

CYRANO
Tiens, c'est vrai! Vous toujours si saintement bavarde,
Vous ne me prêchez pas? C'est étonnant, ceci!
Avec une fureur bouffonne.
2395 Sabre de bois! Je veux vous étonner aussi!
Tenez, je vous permets...
Il a l'air de chercher une bonne taquinerie, et de la trouver.
Ah! la chose est nouvelle?...
De... de prier pour moi, ce soir, à la chapelle.

ROXANE
Oh! oh!

CYRANO, *riant.*
Sœur Marthe est dans la stupéfaction!

SŒUR MARTHE, *doucement.*
Je n'ai pas attendu votre permission.
Elle rentre.

CYRANO, *revenant à Roxane, penchée sur son métier.*
2400 Du diable si je peux jamais, tapisserie,
Voir ta fin!

ROXANE
J'attendais cette plaisanterie.
À ce moment, un peu de brise fait tomber les feuilles.

CYRANO
Les feuilles!

ROXANE, *levant la tête, et regardant au loin, dans les allées.*
Elles sont d'un blond vénitien.
Regardez-les tomber.

CYRANO
Comme elles tombent bien!
Dans ce trajet si court de la branche à la terre,

297

2405 Comme elles savent mettre une beauté dernière,
Et, malgré leur terreur de pourrir sur le sol,
Veulent que cette chute ait la grâce d'un vol!

ROXANE

Mélancolique, vous!

CYRANO, *se reprenant.*
Mais pas du tout, Roxane!

ROXANE

Allons, laissez tomber les feuilles de platane...
2410 Et racontez un peu ce qu'il y a de neuf.
Ma gazette?

CYRANO

Voici!

ROXANE

Ah!

CYRANO, *de plus en plus pâle, et luttant contre la douleur.*
Samedi, dix-neuf :
Ayant mangé huit fois du raisiné[1] de Cette[2],
Le Roi fut pris de fièvre; à deux coups de lancette
Son mal fut condamné pour lèse-majesté,
2415 Et cet auguste pouls n'a plus fébricité[3]!
Au grand bal, chez la Reine, on a brûlé, dimanche,
Sept cent soixante-trois flambeaux de cire blanche;
Nos troupes ont battu, dit-on, Jean l'Autrichien[4];
On a pendu quatre sorciers; le petit chien
2420 De madame d'Athis a dû prendre un clystère...

ROXANE

Monsieur de Bergerac, voulez-vous bien vous taire!

---

1. *Raisiné* : jus de raisin en gelée.
2. *Cette* : ancien nom de la ville de Sète.
3. *N'a plus fébricité* : n'a plus été fébrile.
4. *Jean l'Autrichien* : allusion probable à la victoire de Turenne sur don Juan d'Autriche, vice-roi des Pays-Bas, en 1658.

CYRANO

Lundi... rien. Lygdamire a changé d'amant.

ROXANE

Oh!

CYRANO, *dont le visage s'altère de plus en plus.*

Mardi, toute la cour est à Fontainebleau.
Mercredi, la Montglat[1] dit au comte de Fiesque :
2425 « Non! » Jeudi : Mancini, reine de France, — ou presque[2]!
Le vingt-cinq, la Montglat à de Fiesque dit : « Oui ».
Et samedi, vingt-six...

Il ferme les yeux. Sa tête tombe. Silence.

ROXANE, *surprise de ne plus rien entendre se retourne,*
le regarde, et se levant effrayée.

Il est évanoui?

Elle court vers lui en criant.

Cyrano!

CYRANO, *rouvrant les yeux, d'une voix vague.*

Qu'est-ce?... Quoi?...

Il voit Roxane penchée sur lui et, vivement, assurant son chapeau sur sa
tête et reculant avec effroi dans son fauteuil.

Non, non, je vous assure,

Ce n'est rien. Laissez-moi!

ROXANE

Pourtant...

CYRANO

C'est ma blessure

2430 D'Arras... qui... quelquefois... vous savez...

ROXANE

Pauvre ami!

_____

1. *La Montglat :* madame de Montglat, pour qui Bussy-Rabutin écrivit vers 1659
l'*Histoire amoureuse des Gaules*, qui raconte les aventures galantes des principaux seigneurs et des dames de la Cour.
2. Allusion aux amours du jeune Louis XIV et de Marie Mancini.

CYRANO

Mais ce n'est rien. Cela va finir.
Il sourit avec effort.

C'est fini.

ROXANE, *debout près de lui.*

Chacun de nous a sa blessure : j'ai la mienne.
Toujours vive, elle est là, cette blessure ancienne,
Elle met la main sur sa poitrine.
Elle est là, sous la lettre au papier jaunissant
2435 Où l'on peut voir encor des larmes et du sang!
Le crépuscule commence à venir.

CYRANO

Sa lettre!... N'aviez-vous pas dit qu'un jour, peut-être,
Vous me la feriez lire?

ROXANE

Ah! vous voulez?... Sa lettre?

CYRANO

Oui... Je veux... Aujourd'hui...

ROXANE, *lui donnant le sachet pendu à son cou.*

Tenez!

CYRANO, *le prenant.*

Je peux ouvrir?

ROXANE

Ouvrez... lisez!...
Elle revient à son métier, le replie, range ses laines.

CYRANO, *lisant.*

« Roxane, adieu, je vais mourir! »

ROXANE, *s'arrêtant, étonnée.*

2440 Tout haut?

CYRANO, *lisant.*

« C'est pour ce soir, je crois, ma bien-aimée!
« J'ai l'âme lourde encor d'amour inexprimée,
« Et je meurs! Jamais plus, jamais mes yeux grisés,
« Mes regards dont c'était... »

300

ROXANE

Comme vous la lisez,

Sa lettre!

CYRANO, *continuant.*

«...dont c'était les frémissantes fêtes,
2445 « Ne baiseront au vol les gestes que vous faites :
« J'en revois un petit qui vous est familier
« Pour toucher votre front, et je voudrais crier... »

ROXANE, *troublée.*

Comme vous la lisez, — cette lettre!
La nuit vient insensiblement.

CYRANO

« Et je crie :

« Adieu!...

ROXANE

Vous la lisez...

CYRANO

« Ma chère, ma chérie,

2450 « Mon trésor... »

ROXANE, *rêveuse.*

D'une voix...

CYRANO

« Mon amour!... »

ROXANE

D'une voix...

Elle tressaille.

Mais... que je n'entends pas pour la première fois!

*Elle s'approche tout doucement, sans qu'il s'en aperçoive, passe derrière
le fauteuil, se penche sans bruit, regarde la lettre. — L'ombre augmente.*

CYRANO

« Mon cœur ne vous quitta jamais une seconde
« Et je suis et serai jusque dans l'autre monde
« Celui qui vous aima sans mesure, celui... »

301

ROXANE, *lui posant la main sur l'épaule.*
2455 Comment pouvez-vous lire à présent? Il fait nuit.
Il tressaille, se retourne, la voit là tout près, fait un geste d'effroi, baisse la tête. Un long silence. Puis, dans l'ombre complètement venue, elle dit avec lenteur, joignant les mains :
Et pendant quatorze ans, il a joué ce rôle
D'être le vieil ami qui vient pour être drôle!

CYRANO

Roxane!

ROXANE

C'était vous.

CYRANO
Non, non, Roxane, non!

ROXANE
J'aurais dû deviner quand il disait mon nom!

CYRANO
2460 Non! ce n'était pas moi!

ROXANE
C'était vous!

CYRANO
Je vous jure...

ROXANE
J'aperçois toute la généreuse imposture :
Les lettres, c'était vous...

CYRANO
Non!

ROXANE
Les mots chers et fous,

C'était vous...

CYRANO

Non!

ROXANE
La voix dans la nuit, c'était vous.

Cyrano (Gérard Depardieu)
dans le film de Jean-Paul Rappeneau, 1990.

CYRANO

Je vous jure que non!

ROXANE

L'âme, c'était la vôtre!

CYRANO

2465 Je ne vous aimais pas.

ROXANE

Vous m'aimiez!

CYRANO, *se débattant.*

C'était l'autre!

ROXANE

Vous m'aimiez!

CYRANO, *d'une voix qui faiblit.*

Non!

ROXANE

Déjà vous le dites plus bas!

CYRANO

Non, non, mon cher amour, je ne vous aimais pas!

ROXANE

Ah! que de choses qui sont mortes... qui sont nées!
Pourquoi vous être tu pendant quatorze années,
2470 Puisque sur cette lettre où lui n'était pour rien
Ces pleurs étaient de vous?

CYRANO, *lui tendant la lettre.*

Ce sang était le sien.

ROXANE

Alors, pourquoi laisser ce sublime silence
Se briser aujourd'hui?

CYRANO

Pourquoi?...

Le Bret et Ragueneau entrent en courant.

304

SCÈNE 6.   LES MÊMES, LE BRET *et* RAGUENEAU.

LE BRET

Quelle imprudence!

Ah! j'en étais bien sûr! il est là!

CYRANO, souriant et se redressant.
Tiens, parbleu!

LE BRET

2475 Il s'est tué, Madame, en se levant!

ROXANE

Grand Dieu!

Mais tout à l'heure alors... cette faiblesse?... cette?...

CYRANO

C'est vrai! je n'avais pas terminé ma gazette :
...Et samedi, vingt-six, une heure avant dîné,
Monsieur de Bergerac est mort assassiné.
Il se découvre ; on voit sa tête entourée de linges.

ROXANE

2480 Que dit-il? — Cyrano! — Sa tête enveloppée!...
Ah! que vous a-t-on fait? Pourquoi?

CYRANO

« D'un coup d'épée,

Frappé par un héros, tomber la pointe au cœur! »...
— Oui, je disais cela!... Le destin est railleur!...
Et voilà que je suis tué dans une embûche,
2485 Par-derrière, par un laquais, d'un coup de bûche!
C'est très bien. J'aurai tout manqué, même ma mort.

RAGUENEAU

Ah! Monsieur!...

CYRANO

Ragueneau, ne pleure pas si fort!...

Il lui tend la main.

Qu'est-ce que tu deviens, maintenant, mon confrère?

RAGUENEAU, à travers ses larmes.

Je suis moucheur de... de... chandelles, chez Molière.

305

CYRANO

2490 Molière!

RAGUENEAU

Mais je veux le quitter, dès demain;
Oui, je suis indigné!... Hier, on jouait *Scapin,*
Et j'ai vu qu'il vous a pris une scène!

LE BRET

Entière!

RAGUENEAU

Oui, Monsieur, le fameux : « Que diable allait-il faire[1]?... »

LE BRET, *furieux.*

Molière te l'a pris!

CYRANO

Chut! chut! Il a bien fait!...

À Ragueneau.

2495 La scène, n'est-ce pas, produit beaucoup d'effet?

RAGUENEAU, *sanglotant.*

Ah! Monsieur, on riait! on riait!

CYRANO

Oui, ma vie
Ce fut d'être celui qui souffle — et qu'on oublie!

À Roxane.

Vous souvient-il du soir où Christian vous parla
Sous le balcon? Eh bien! toute ma vie est là :
2500 Pendant que je restais en bas, dans l'ombre noire,
D'autres montaient cueillir le baiser de la gloire!
C'est justice, et j'approuve au seuil de mon tombeau :
Molière a du génie et Christian était beau!

*À ce moment, la cloche de la chapelle ayant tinté, on voit tout au fond,
dans l'allée, les religieuses se rendant à l'office.*

Qu'elles aillent prier puisque leur cloche sonne!

---

1. La pièce de Molière fut en réalité jouée plus tard, en 1671. Mais il semble
bien que Molière ait repris dans *les Fourberies de Scapin* une réplique d'un
personnage du *Pédant joué :* « Que diable allez faire aussi dans la Galère d'un
Turc ? D'un Turc ! »

ROXANE, *se relevant pour appeler.*
2505 Ma sœur! ma sœur!

CYRANO, *la retenant.*
　　　　Non! non! n'allez chercher personne!
Quand vous reviendriez, je ne serais plus là.
Les religieuses sont entrées dans la chapelle, on entend l'orgue.
Il me manquait un peu d'harmonie... en voilà.

ROXANE
Je vous aime, vivez!

CYRANO
　　　　Non! car c'est dans le conte
Que lorsqu'on dit : Je t'aime! au prince plein de honte,
2510 Il sent sa laideur fondre à ces mots de soleil...
Mais tu t'apercevrais que je reste pareil.

ROXANE
J'ai fait votre malheur! moi! moi!

CYRANO
　　　　　　Vous?... au contraire!
J'ignorais la douceur féminine. Ma mère
Ne m'a pas trouvé beau. Je n'ai pas eu de sœur.
2515 Plus tard, j'ai redouté l'amante à l'œil moqueur.
Je vous dois d'avoir eu, tout au moins, une amie.
Grâce à vous une robe a passé dans ma vie.

LE BRET, *lui montrant le clair de lune qui descend
à travers les branches.*
Ton autre amie est là, qui vient te voir!

CYRANO, *souriant à la lune.*
　　　　　　Je vois.

ROXANE
Je n'aimais qu'un seul être et je le perds deux fois!

CYRANO
2520 Le Bret, je vais monter dans la lune opaline,
Sans qu'il faille inventer, aujourd'hui, de machine.

ROXANE
Que dites-vous?

307

CYRANO

Mais oui, c'est là, je vous le dis,
Que l'on va m'envoyer faire mon paradis.
Plus d'une âme que j'aime y doit être exilée,
2525 Et je retrouverai Socrate et Galilée!

LE BRET, *se révoltant.*

Non! non! C'est trop stupide à la fin, et c'est trop
Injuste! Un tel poète! Un cœur si grand, si haut!
Mourir ainsi!... Mourir!...

CYRANO

Voilà Le Bret qui grogne!

LE BRET, *fondant en larmes.*

Mon cher ami...

CYRANO, *se soulevant, l'œil égaré.*

Ce sont les cadets de Gascogne...
2530 La masse élémentaire... Eh oui!... voilà le *hic...*

LE BRET

Sa science... dans son délire!

CYRANO

Copernic

A dit...

ROXANE

Oh!

CYRANO

Mais aussi que diable allait-il faire,
Mais que diable allait-il faire en cette galère?...
Philosophe, physicien,
2535 Rimeur, bretteur, musicien,
Et voyageur aérien,
Grand riposteur du tac au tac,
Amant aussi — pas pour son bien! —
Ci-gît Hercule-Savinien
2540 De Cyrano de Bergerac
Qui fut tout, et qui ne fut rien.

... Mais je m'en vais, pardon, je ne peux faire attendre :
Vous voyez, le rayon de lune vient me prendre!
Il est retombé assis, les pleurs de Roxane le rappellent à la réalité, il la
regarde, et caressant ses voiles :
Je ne veux pas que vous pleuriez moins ce charmant,
2545 Ce bon, ce beau Christian, mais je veux seulement
Que lorsque le grand froid aura pris mes vertèbres,
Vous donniez un sens double à ces voiles funèbres,
Et que son deuil sur vous devienne un peu mon deuil.

ROXANE

Je vous jure! ...

CYRANO, *est secoué d'un grand frisson et se lève brusquement.*

Pas là! non! pas dans ce fauteuil!

On veut s'élancer vers lui.
2550 Ne me soutenez pas! Personne!
Il va s'adosser à l'arbre.

Rien que l'arbre!

Silence.
Elle vient. Je me sens déjà botté de marbre,
Ganté de plomb!
Il se raidit.

Oh! mais!... puisqu'elle est en chemin,

Je l'attendrai debout,
Il tire l'épée.

et l'épée à la main!

LE BRET

Cyrano!

ROXANE, *défaillante.*

Cyrano!

Tous reculent épouvantés.

CYRANO

Je crois qu'elle regarde...

2555 Qu'elle ose regarder mon nez, cette Camarde !
Il lève son épée.
Que dites-vous?... C'est inutile?... Je le sais!
Mais on ne se bat pas dans l'espoir du succès!

309

Non! non, c'est bien plus beau lorsque c'est inutile!
Qu'est-ce que c'est que tous ceux-là! Vous êtes mille?
2560 Ah! je vous reconnais, tous mes vieux ennemis!
Le Mensonge?
Il frappe de son épée le vide.

            Tiens, tiens! — Ha! ha! les Compromis,
Les Préjugés, les Lâchetés!...
Il frappe.

                       Que je pactise?
Jamais, jamais! — Ah! te voilà, toi la Sottise!
Je sais bien qu'à la fin vous me mettrez à bas;
2570 N'importe : je me bats! je me bats! je me bats!
Il fait des moulinets immenses et s'arrête haletant.
Oui, vous m'arrachez tout, le laurier et la rose!
Arrachez! Il y a malgré vous quelque chose
Que j'emporte; et ce soir, quand j'entrerai chez Dieu,
Mon salut balaiera largement le seuil bleu,
2575 Quelque chose que sans un pli, sans une tache,
J'emporte malgré vous,
Il s'élance l'épée haute.

                 et c'est...
*L'épée s'échappe de ses mains, il chancelle, tombe dans les bras de
Le Bret et de Ragueneau.*

        ROXANE, *se penchant sur lui et lui baisant le front.*
                C'est?...

      CYRANO, *rouvre les yeux, la reconnaît et dit en souriant.*
                  Mon panache.

              RIDEAU

            Rostand

Acte V Scènes 5 et 6

LA GAZETTE DE CYRANO

1. Faits divers insignifiants, commérages et événements politiques sont cités dans le désordre. Montrez que la gazette de Cyrano est une parodie du journalisme (sc. 5).

2. Commentez les procédés humoristiques utilisés dans ce reportage fait par un moribond. L'humour de Cyrano est-il tout à fait le même qu'aux actes précédents ? Justifiez votre réponse.

4. Relevez les divers éléments montrant que la « gazette » est un véritable rituel.

LA PROGRESSION DRAMATIQUE

5. Relevez toutes les didascalies de la scène 5. Qu'indiquent-elles sur l'attitude scénique des deux personnages ? sur leur relation ? Quelles possibilités laisse une telle situation sur le plan du dialogue, de la mise en scène, etc. ?

6. Montrez que le dramaturge donne une nouvelle dimension au temps dont il souligne l'aspect duratif et répétitif. La scène 5 est ponctuée par la tombée de la nuit; étudiez la montée parallèle du pathétique.

7. À quel moment Roxane découvre-t-elle la vérité ? Cette découverte aboutit-elle à un aveu à proprement parler ?

8. La scène 5 s'achève sur une question irrésolue; quelle en est la nécessité ?

9. Pourquoi retrouve-t-on dans la scène finale ces quatre personnages ? Que représente chacun d'eux ?

LE COUPLE RAGUENEAU-CYRANO

10. Cyrano revendique l'échec (v. 2495 à 2503). Montrez que ce dernier est profondément ancré dans le tempérament du personnage et qu'il est souvent, malgré les apparences, une marque du drame héroïque. Ragueneau en revanche n'est jamais découragé par ses échecs

311

consécutifs; il est en quelque sorte l'image inversée, le double « humain » de Cyrano. Analysez l'écart entre le personnage comique et la figure tragique. Ragueneau est-il lui aussi, à sa façon, grotesque ? Justifiez votre réponse.

LES DERNIERS MOTS

11. En quoi le « délire » des dernières paroles diffère-t-il du discours habituel de Cyrano (sc. 6) ? Comment Rostand rassemble-t-il, dans le final, la plupart des attitudes et des titres de son héros ?

12. Montrez que la lune est une métaphore essentielle, qui reprend et concentre plusieurs tendances fondamentales du personnage de Cyrano et de ses actions.

13. Que pensez-vous de la pointe ultime de Cyrano (v. 2576) ? En quoi symbolise-t-elle une attitude morale et physique, un trait saillant et inaliénable de son caractère ?

Documentation thématique

Index des principaux thèmes de *Cyrano de Bergerac*

Le travail de l'écrivain : un bricolage de génie

Pour raconter la genèse d'une pièce aussi mythique que *Cyrano de Bergerac,* il existe bien sûr quelques anecdotes. Rostand aurait connu au lycée un surveillant au long nez et au verbe haut, Pif-Luisant. Il aurait lui aussi écrit des lettres d'amour pour un camarade et commandé à un autre un poème pour séduire une jeune fille. Ces circonstances expliquent aussi peu *Cyrano* que les canulars du collégien Jarry n'éclairent *Ubu Roi* (1896). En réalité, de tels petits faits n'ont certainement pas changé la face du monde artistique de Rostand ; ils n'expliquent en rien le travail de l'écriture, seul important.

Les propres confidences de Rostand (à Paul Faure) ne sont guère plus éclairantes ; du moins indiquent-elles son sens de la composition et du fragment : « Comment l'idée [de ma pièce] m'est venue ? Pas d'un seul coup. J'entends par là que ma pièce ne s'est pas présentée à mon esprit dans ses grandes lignes, dans son plan essentiel. C'est peu à peu, morceau par morceau, qu'elle s'est construite. » Nous voilà bien avancés !

Une pièce sans « message »

Est-ce l'influence de l'art pour l'art et du Parnasse ? Cette pièce ne veut rien dire : elle ne cherche pas à convaincre le spectateur d'une thèse, d'une philosophie ; elle se présente comme une construction parfaite, fermée sur elle-même, qu'il est tout aussi impossible de « délabyrinther » que les sentiments de Christian (III, 5).

On ne démêle jamais non plus si le pastiche constant est auto-ironique et conscient de l'être, ou s'il n'est que le résultat d'une cleptomanie littéraire très poussée et sans vergogne. La ruse d'une telle écriture est de maintenir l'ambiguïté (pastiche conscient/vol éhonté) au niveau du lecteur/spectateur. C'est à lui de décider de sa qualité d'ironie ou de virtuosité. Ce mécanisme d'auto-conservation du texte lui a en tout cas valu le succès. Il a trouvé un écho dénégateur chez les critiques : nous savons bien que c'est du toc, mais nous y prenons plaisir et pourtant nous nous y connaissons.

La fable est on ne peut plus « claire » : Cyrano se trouve laid, n'ose regarder son nez en face et dire son amour; il se bat et disserte pour faire diversion, séduit Roxane par corps interposé, meurt sans que ses mérites aient été reconnus.

Des vers faciles ?

Le tout est méthodiquement et stoïquement mis en forme dans des vers et des rimes faciles, cocasses, parodiant de vieux souvenirs classiques, n'obscurcissant jamais le sens du texte : la forme, le signifiant se résolvent toujours dans un signifié. Chaque personnage apporte sa pierre à l'édifice versifié; il retombe toujours à peu près sur ses pieds, même si les fréquentes stychomythies (échanges rapides entre les locuteurs) et les césures baladeuses hachent le vers au point de le réduire à un rythme ou une musique vide de sens, mais régulière. Malgré un tel tripatouillage du vers, le mouvement de la scène est toujours discernable et la situation lumineuse. Rostand souscrit au dogme de l'expressivité : « Tant que le poète exprime véritablement sa pensée, il rime bien; dès que sa pensée s'embarrasse, sa rime aussi s'embarrasse, devient faible, traî-nante et vulgaire, et cela se comprend de reste, puisque pour lui pensée et rime ne sont qu'un », Th. de Banville (1823-1891), *Petit traité de poésie française*.

Les rimes ou le vers sont souvent structurés selon l'art du paradoxe, de l'oxymore et des contrastes grotesques (tragique/comique, beau/laid) : Christian est beau, Cyrano a bobo (II, 6);

« ayez pitié de mon fourreau, il va rendre sa lame » (I, 4) ; « pour des yeux vainqueurs, je les trouve battus » (II, 4). Tout le texte cultive le paradoxe du grotesque, tout à fait dans l'esprit hugolien du « ver de terre amoureux d'une étoile ». La rime assassine ou la pointe malicieuse ponctuant une tirade sont les armes préférées de cette rhétorique. L'identité entre l'histoire racontée (celle d'un soldat et d'un poète héroïque) et la manière de la raconter (style héroïque et citationnel) instaure un jeu de miroir entre les énoncés et leur énonciation, éclaire ironiquement les prouesses de l'un par celles de l'autre : Cyrano « met en abyme » le jeu gratuit et dangereux du poète. En résulte une mise à mort du sujet et une réflexivité de l'œuvre.

Symétrie et homogénéité

C'est dans la composition que la perfection formelle est la plus éclatante. Rostand reprend le schéma classique des cinq actes, mais il combine la structure épique des tableaux (ou époques) et la montée dramatique vers la catastrophe finale. Chacun des actes forme une unité, marque la même évolution de l'intérêt dramatique jusqu'à la pointe du dernier vers. L'acte III occupe une position médiane : moment d'équilibre entre l'amour et la guerre, brefs instants d'intimité et cœur du drame inséré dans la fresque sociale. Le système des lieux répond à d'identiques symétries : du théâtre (I) au couvent (V), on passe de la théâtralité absolue au recueillement et à l'antichambre de la mort; de la rôtisserie de Ragueneau (II) au camp retranché des Gascons faméliques (IV); au centre (III), le balcon de Roxane, lieu privé et vertical, lieu du bonheur par procuration, de l'impossible ascension : « Pendant que je restais en bas, dans l'ombre noire,/D'autres montaient cueillir le baiser de la gloire! » (V, 6).

Malgré les ruptures spatiales et temporelles après chaque acte, la pièce est très homogène, non seulement grâce à la figure centrale et aisément repérable de Cyrano, mais aussi par un tressage rigoureux de trois leitmotive : manger, écrire, se battre.

Ces actions thématiques font très régulièrement résurgence et forment l'armature de l'action. L'écriture et le duel sont intimement liés, ils procèdent de la même volonté de s'affirmer face à l'objet aimé ou redouté (dont Roxane est la parfaite incarnation), ils répondent à une même pulsion de mort, ils sont narrés simultanément et selon la même technique (« À la fin de l'envoi, je touche », I, 4), ils aspirent à se terminer par la même pointe vengeresse (« D'un coup d'épée, frappé par un héros, tomber la pointe au cœur », V, 5), comme s'il s'agissait de retourner l'art poétique verlainien (« Fuis du plus loin la Pointe assassine »).

Se battre est pour Cyrano la seule expression possible de son intériorité, sa méthode pour retourner son nez à l'intérieur de lui-même, décharger son agressivité sur lui-même et sur les autres ; c'est sa façon à lui de faire l'amour, tout comme l'improvisation, la joute verbale ou l'écriture épistolaire sont un substitut au corps déficient (« Sur cette lèvre où Roxane se leurre, / Elle baise les mots que j'ai dits tout à l'heure », III, 10). Face à cette pulsion de l'écriture/combat, la nourriture que Ragueneau prépare poétiquement pour les rimeurs (II) ou les cadets affamés (IV), à laquelle Cyrano ne touche pas, faute d'argent et de temps, cette nourriture rattache les poètes et les soldats à la vie et à la « normalité » : les poètes vont chez Ragueneau pour se goinfrer entre deux sonnets, les Gascons meurent du moins l'estomac plein.

Une œuvre purement théâtrale

Quelle maîtrise dans l'écriture scénique et l'usage de la théâtralité ! En amont de la réalisation scénique, le texte est déjà composé de manière à produire immédiatement un effet dramatique. Le dramaturge veille à l'alternance et à l'équilibre des scènes de foule et des scènes plus restreintes ; il manie les masses des personnages et des tirades avec le même souci architectural de contraste et d'harmonie ; il centre discours et actions sur le personnage de Cyrano, lequel provoque et subit tour à tour le mouvement et l'animation des groupes. Leurs discours sont toujours énoncés en contrepoint à ses pointes spirituelles. Le découpage classique en scènes à l'intérieur des actes est totalement anachronique et contraire à la progression des actions, non pas en fonction de l'entrée ou de la sortie des protagonistes, mais selon une progression continue et épique des motifs centrés sur le sort de Cyrano.

La pièce raconte une histoire à épisodes sans jamais perdre de vue le rôle central du héros, elle accumule les preuves de son panache. Or, déjà en 1897, raconter une histoire poignante n'allait plus de soi, car la mode était aux pièces à thèse ou aux pièces « épiques » sans début ni fin (Tchekhov, Strindberg). Rompant avec l'idée de l'avant-garde d'alors qui voulait que le théâtre contînt un message, Rostand ne craint pas de s'aliéner le jugement des doctes et des nouveaux maîtres de la vie théâtrale : les metteurs en scène. Il parie sur un héros sans peur et sans reproche, sur une histoire populaire, sur une dramaturgie aussi éloignée du naturalisme du Théâtre-Libre d'Antoine que du symbolisme du Théâtre d'Art de Paul Fort et du Théâtre de l'Œuvre de Lugné-Poe. En même temps, il profite parfaitement de l'« invention » récente de la mise en scène, quelque dix ans plus tôt. Au naturalisme, il emprunte les indications scéniques d'une grande précision : psychologie, intonations, déplacements, tout est noté en détail. L'écriture est plus scénique que littéraire et dramatique : elle prévoit tous les effets, limite la parole à un des systèmes de la scène, organise un écho sonore entre le texte et le geste. Au metteur en scène Hertz qui se plaignait de ses « exigences imbéciles » dans la réalisation des jeux de scène, Rostand répondit par une longue liste de directives pour les acteurs (« Que l'on ait l'air de s'intéresser au duel », « que des gens grimpent sur les marches d'escalier », etc.).

Le souci maniaque du détail vrai n'exclut d'ailleurs pas une stylisation et une abstraction des lieux, des milieux, des groupes et des motivations. Lorsqu'on examine la composition de chaque acte, la progression de l'action est toujours préalablement motivée et régulière, la simplification de chaque nouveau groupe ou épisode confirme la grandeur d'âme de Cyrano et la série de ses échecs sentimentaux. Le sens de la fable et de la mise en scène sort d'ailleurs renforcé par le choix de situations paroxystiques, paradoxales, paraboliques du personnage hors du commun qu'est Cyrano : lui et Rostand sont tous deux, chacun à sa manière, en quête de la « scène à faire ».

Le texte de Cyrano tient autant d'une partition que d'un dialogue dramatique : les masses verbales sont réparties en fonction d'un mouvement continu de la fable et d'une ponctuation du double désir de Cyrano (se battre avec les hommes/écrire ou parler à une femme). Les stichomythies organisent l'orchestration tant phonique et visuelle des sources de la parole. Ainsi sertis (et non servis) dans le jeu scénique, les échanges verbaux prennent une coloration dramatique qui doit beaucoup au jeu de l'acteur et à l'occupation de l'espace scénique. Ils prolongent l'ébauche de la mise en scène par le drame romantique et anticipent sur l'écriture purement scénique de la toute nouvelle mise en scène.

Le théâtre dans le théâtre

Si Rostand pose ainsi au metteur en scène, témoignant dans son travail d'écrivain de ses préoccupations d'homme de théâtre, il n'en arrive pourtant pas à l'étape suivante où le regard du metteur en scène se dissocie totalement de celui de l'auteur, pour donner son sens, par la scène et l'acteur, au texte resté jusqu'ici lettre morte. Et, curieusement, la pièce n'a guère inspiré de discours critique et parodique de la mise en scène. Les choses sont-elles pour autant si claires et immuables que la mise en scène doive nécessairement s'incliner devant la dépouille mortelle du texte ? En tout cas, la tradition de l'interprétation de la pièce est étrangement figée (et ce jusqu'au Cyrano de Jacques Weber dans la mise en scène de Jérôme Savary ou à celui de Gérard Depardieu dans le film de Jean-Paul Rappeneau). Il est vrai qu'une mise en scène parodique anéantirait le charme de la construction verbale et héroïque.

La partition théâtrale est thématiquement renforcée par un redoublement de la théâtralité à l'intérieur de chaque situation. La scène est déjà l'enjeu d'un théâtre dans le théâtre, conformément à la vision baroque, mais aussi à une anticipation de Pirandello, Genet, voire Beckett. Conscient de l'ironie tragique de l'histoire, comme le Lorenzaccio de Musset (1834) ou le Danton de Büchner (1835), Cyrano ne cesse de jouer son rôle, « d'être le vieil ami qui vient pour être drôle » (Roxane, V, 5). Au premier acte, il bat les acteurs de l'Hôtel de Bourgogne sur leur propre terrain. Les poètes se restaurent après l'effort, tandis que Ragueneau rimaille et que Cyrano s'enivre de ses propres déclarations (II). Cyrano souffle son rôle à Christian, s'identifie au personnage au point de faire « monter » l'« animal » de force au balcon de la précieuse (III). Les cadets « jouent à la guéguerre » (IV). Seul, l'acte final, jetant bas les masques, remplace la théâtralité du bouffon par la ferveur bigote ou la résignation mondaine : le mélodrame nous fait prendre en pitié un héros autrefois si valeureux.

Un tel sens de la théâtralité, sensible déjà à la lecture, ne peut que sortir renforcé dans la représentation. La pièce exige une scène, des corps, des éclairages pour incarner la sensualité et la matérialité verbale du texte. Si l'acteur de ce monodrame aux cent personnages ne l'a pas magistralement en bouche, elle dévie rapidement vers une construction sans vie. Car l'histoire et la philosophie de *Cyrano* n'ont en elles-mêmes rien d'original. Seuls le travail scénique, la récitation, l'escrime des dialogues restituent le caractère physique, concret et oral de ce texte. Peu importe l'absence d'originalité littéraire, puisque la pièce retrouve l'oralité d'un art populaire transmis essentiellement par la parole. Et l'on connaît l'équation de la tradition populaire : originalité = ci-gît l'oralité.

Savinien de Cyrano de Bergerac (1619-1655)
Estampe. Musée Carnavalet, Paris.

Annexes

Les sources

La principale qualité de la pièce de Rostand n'est pas d'être historiquement conforme à la vérité, le concept de drame historique est problématique et n'explique rien de sa qualité de texte littéraire autonome. Cependant, il est utile de savoir à quelles sources Rostand a puisé, quels matériaux il avait à sa disposition. L'écart entre ces documents et sa création textuelle et dramaturgique n'en apparaîtra alors que plus irréductible.

Ne sont citées ici que les principales sources de *Cyrano;* Rostand s'est bien entendu inspiré de l'ensemble de l'œuvre de Cyrano de Bergerac préfacée par Le Bret, des témoignages sur la vie littéraire et théâtrale au XVIIᵉ siècle, etc.

Cyrano de Bergerac par Théophile Gautier

Rostand admirait beaucoup le livre de Gautier, *les Grotesques* (1844). Gautier y dépeint une série de dix médaillons littéraires consacrés à des poètes de l'époque préclassique, victimes des sévérités d'un Boileau et dans la personnalité desquels il découvre un style singulier ou extravagant, une écriture qui, sans être toujours du meilleur aloi, est du moins toujours provocante et insoumise aux règles. Gautier évoque Théophile de Viau, Saint-Amant, Paul Scarron, l'obscur Pierre de Saint-Louis, etc. L'époque de Louis XIII lui semble être un terreau propice à de telles personnalités hautes en couleur, comme Cyrano de Bergerac.

Certains physiologistes prétendent que la longueur du nez est le diagnostic de l'esprit, de la valeur et de toutes les belles qualités, et qu'on ne peut être un grand homme si l'on n'a un grand nez. — Beaucoup de physiologistes femelles tirent aussi de la dimension de cette honnête partie du visage un augure on ne peut pas plus avantageux. — Quoi qu'il en soit, Socrate était camus : aussi Socrate avouait-il qu'il était né avec les dispositions les plus vicieuses, et qu'il ne tenait peut-être qu'à un peu de paresse qu'il ne fût un grand scélérat ; César, Napoléon ont un bec d'aigle au milieu de la figure ; le vieux Pierre Corneille a le promontoire nasal très développé. Voyez les médailles, voyez les portraits ; vous trouverez que les héros ont le nez proportionné à la grandeur de leur gloire et qu'il n'y en a point de punais. [...]

Les éléphants qui ont de l'intelligence à faire rougir bien des poètes, ne doivent cet esprit qu'on leur voit qu'à la prodigieuse extension de leur nez ; — car leur trompe est un véritable nez de cinq ou six pieds de long. — Excusez du peu !

Cette nasologie pourra fort bien ne pas paraître très à sa place au commencement d'un article de critique littéraire ; — mais en ouvrant le premier volume de Bergerac, où se voit son portrait en taille douce, la dimension gigantesque et la forme singulière de son nez m'ont tellement sauté aux yeux que je m'y suis arrêté plus longtemps que la chose ne valait, et que je me suis laissé aller à ces profondes réflexions que l'on vient de lire et à beaucoup d'autres dont je fais la grâce au lecteur. [...]

Ce nez malencontreux fut du reste, pour Cyrano de Bergerac, une occasion de déployer sa valeur dans des duels qui se renouvelaient presque tous les jours. — Si quelqu'un avait le malheur de le regarder et montrait quelque étonnement de voir un nez pareil, vite il lui fallait aller sur le pré. — Et comme les duels de ce temps-là ne finissaient pas par des déjeuners et que Cyrano était un habile spadassin, on courait risque de recevoir quelque bon coup d'épée au ventre et de remporter son pourpoint percé de plus de boutonnières qu'il n'en avait auparavant, ce qui fit qu'au bout de peu de temps tout le monde trouva la forme du nez de Cyrano excessivement convenable et que tout au plus quelque provincial non encore usagé s'avisait d'y trouver le mot à rire. Il n'est pas besoin d'ajouter que quelque bonne botte poussée à fond apprenait bientôt à vivre au plaisant si elle ne le tuait pas. Jusqu'ici il n'y a rien à dire, tout homme doit faire respecter son nez, rien de mieux ; mais Cyrano, non content de tuer ou de blesser grièvement ceux qui ne paraissaient pas satisfaits de son appareil olfactif, voulut établir comme principe que tout le monde devrait avoir un grand nez, et que les camus étaient d'informes avortons, des créatures à peine ébauchées et dont la nature rougissait ; c'est dans le *Voyage à la lune* qu'il avance ce singulier paradoxe : aux états de la lune s'il naît un enfant camard, de peur qu'étant devenu grand il ne perpétue cette abominable difformité, on a soin de lui assurer une voix de soprano pour toute sa vie, et on le met en état d'entrer sans danger au sérail du grand seigneur. Le mérite se mesure à la longueur du nez ; — l'on est ou plus haut ou plus bas placé selon que l'on en a plus ou moins. Sans nez, selon Cyrano, point de valeur, point d'esprit, point de finesse, point de passion, rien de ce qui fait l'homme ; le nez est le siège de l'âme, c'est ce qui distingue l'homme de la brute, car aucun animal n'a le nez fait comme l'homme...

Théophile Gautier, les Grotesques, chap. VI, 1844.

Le nez, marque de l'esprit

Dans les États et Empires de la Lune, Cyrano raconte l'étonnante histoire des enfants castrés pour n'avoir pas le nez assez long. Voilà qui, si besoin était, établit le lien symbolique entre l'appendice nasal et le sexe.

Maintenant, afin que vous sachiez pourquoi tout le monde en ce pays a le nez grand, apprenez qu'aussitôt qu'une femme est accouchée, la matrone porte l'enfant au prieur du séminaire ; et justement au bout de l'an les experts étant assemblés, si son nez est trouvé plus court qu'une certaine mesure que tient le syndic, il est censé camus, et mis entre les mains des prêtres qui le châtrent. Vous me demanderez possible la cause de cette barbarie : comment se peut-il faire que nous, chez qui la virginité est un crime, établissions des continents par force ? Sachez que nous le faisons après avoir observé depuis trente siècles qu'un grand nez est à la porte de chez nous une enseigne qui dit : « Céans loge un homme spirituel, prudent, courtois, affable, généreux et libéral », et qu'un petit est le bouchon des vices opposés. C'est pourquoi des camus on bâtit les eunuques, parce que la République aime mieux n'avoir point d'enfants d'eux que d'en avoir de semblables à eux.

Cyrano de Bergerac, les États et Empires de la Lune, 1657.

Une multitude autour de trois personnages

Une soixantaine de personnages sont présents, sans compter les groupes au nombre variable : « la foule, bourgeois, marquis, mousquetaires, tire-laine, pâtissiers, poètes, cadets, Gascons, comédiens, violons, pages, enfants, soldats espagnols, spectateurs, spectatrices, précieuses, comédiennes, bourgeoises, religieuses, etc. ». On se demande quelle scène pourrait accueillir pareilles masses, mais ces personnages collectifs ne sont représentés que par un ou deux spécimens; ils ont une valeur plus décorative et caractérisante qu'un réel poids dans l'action.

Opposants et adjuvants

De la longue liste des personnages émergent en réalité trois personnalités centrales autour desquelles toute l'action est nouée : Cyrano, Roxane, Christian, et trois caractères « supportant » les trois premiers : de Guiche, dans le rôle de l'opposant (du moins jusqu'au quatrième acte), Ragueneau et Le Bret dans celui de l'adjuvant. Les rapports entre ces personnages sont simples et fixes : ils tournent tous autour de la figure centrale de Cyrano, dans un schéma (ou code des actions) particulièrement simplifié. Leurs oppositions sont nettes et tranchées (esprit / sottise; beauté / laideur; amour de la vie / attirance de la mort, etc.). Ainsi celles des amis de Cyrano :

— Le Bret est confident, son double positif, le raisonneur qui ne réussit pas à apprivoiser et « socialiser » son ami;

— Ragueneau est le contraire heureux de Cyrano, son principe vital, celui qui nourrit les poètes, cherchant une harmonie entre l'esprit de l'artiste et le corps des poètes plus affamés de gâteaux que de littérature ;

— De Guiche est l'opposant, le rival poltron, celui qui réussit. Sa « gasconisation », arrachée de haute lutte au siège d'Arras, le transforme en un sage désabusé, celui qui « a trop réussi sa vie » (V, 2), mais qui éprouve « une gêne obscure ».

Cyrano, personnage central

Pâles figures en vérité que ces doubles de Cyrano à côté du héros central de la pièce. Cyrano monopolise l'attention et plie la fable à sa quête ; une quête qui n'est d'ailleurs jamais clairement définie dans ses exigences ultimes, car ce que recherche Cyrano, ce n'est ni la gloire, ni la fortune, ni le succès, ni même le bonheur et l'amour, c'est le sens du panache. Or, le panache est un objet vide et voyant qui n'a aucune fonction pratique, mais qui confère à son porteur l'honneur de se faire remarquer et si possible tirer dessus. Le panache est devenu, et ce déjà du temps même de la vie de Cyrano au XVIIe siècle, le symbole d'un héroïsme désuet et d'un personnage coupé des réalités et des compromissions du monde.

Le second trait saillant de Cyrano, c'est évidemment son nez et les complexes qu'il a gravés à l'intérieur de lui-même. Mais ce nez phénoménal, ce n'est finalement que la marque extérieure d'une souffrance profonde : celle d'être laid, mais surtout d'être différent des autres, de n'être ni reconnu ni aimé. Ainsi affligé d'un appendice nasal hors du commun, Cyrano se situe toujours avec panache à la pointe du combat : il s'évertue à « toucher » l'adversaire par sa virtuosité dans le maniement du fer et des vers (« Je coupe, je feinte... À la fin de l'envoi, je touche », I, 4), par sa rhétorique, son sens du mot d'esprit et de la pointe assassine. Rostand n'éprouve pas le besoin d'expliciter les causes profondes de cette agressivité, il se contente de l'explication première : Cyrano a un nez si voyant qu'on ne sait plus très bien ce qu'il cache au juste. La conscience de sa laideur s'accompagne d'un désir de beauté chez l'autre, chez Roxane, comme chez Christian. Ce dernier lui fournit, dans l'union quasi mystique qu'il contracte avec lui, un déguisement idéal pour laisser libre cours à son esprit et à son affectivité. Christian devient ainsi à la fois le double absolu et l'alter ego de Cyrano, celui qui donne voix à son désir, qui lui permet d'être à la fois lui-même et un autre, une absence et un prolongement. Mais l'union avec un tel « coéquipier » se révèle vite aussi funeste que mystique : seule la mort du corps, celui de Christian, à Arras, la rompt, entraînant Cyrano dans une impuissance à avouer, à parler, à écrire et, entre le quatrième et le cinquième acte, à se battre. Du coup, Cyrano perd toute substance ; son nez ou sa laideur n'ont plus l'effet décapant et provocateur qu'ils possédaient avant ou pendant l'union avec Christian. L'aveu, l'humanisation à l'acte V, la faiblesse du héros presque décapité par une bûche signifient la véritable fin de Cyrano, la perte du nez et de l'attraction/répulsion qu'il exerce sur les autres.

Mais ce qui touche le plus le spectateur, c'est la sensation d'être lui-même cet éternel raté, ce personnage fait de souffrances et de complexes, ce héros toujours malheureux, rebelle aux règles, à la raison et à la réalité : personnage à la fois bavard et aphasique qui flatte notre « fantaisie de triomphe » et notre sentiment légèrement chauvin d'être ce héros invincible et cette incarnation de l'« esprit français » et d'un mythe national. Mythe qui en ce moment de doute de la société française, en cette fin du xixe siècle, ne demandait pas mieux qu'à s'incarner dans la figure du héros malheureux qu'est Cyrano, dans cette union sacrée de tous autour de son blanc panache et dans une philosophie héroïque d'un grand conformisme malgré les rodomontades du personnage. Car, en dépit de ses grands discours, Cyrano sert et renforce l'ordre de son temps, vole au secours de la patrie, finit sa vie en bon chrétien. Le modèle aristocratique et héroïque du guerrier et de l'amoureux compense tant bien que mal la désillusion du monde bourgeois de cette fin du xixe siècle.

Roxane, la muse

Roxane est caractérisée par sa beauté et son goût pour la préciosité. Elle est le personnage qui évolue le plus au cours de la pièce, passant d'un goût pour les mondanités et les beaux discours, d'un amour pour les apparences à une passion pour la vérité et à un amour épuré des contingences du corps. L'ironie inhérente à ce personnage, c'est que ce soit une précieuse raffinée qui tombe amoureuse d'un simplet, ou du moins d'un homme, certes beau, mais incapable de parler aux femmes, péché mortel aux yeux d'une précieuse.

Roxane est surtout définie par le désir et la création fantasmatique de Cyrano, comme si elle n'existait que comme la veulent les autres, comme figure maternelle sublimée par Cyrano, comme poétesse éthérée qui est d'abord là pour inspirer aux hommes un discours amoureux. Le personnage d'intellectuelle et de poétesse n'est en réalité jamais pris au sérieux par Cyrano. Roxane est pour lui d'abord et toujours celle qui inspire de l'amour et qui écoute la plainte et le chant d'amour. Elle est enfin, pour des raisons que Rostand n'explicite pas, celle qui, pénétrant dans le camp des hommes au siège d'Arras, provoque une série involontaire ou inconsciente de catastrophes, causant la mort de Christian et, par contrecoup, celle de Cyrano, laissé sans voix, et choisissant finalement sa propre mort, vouée qu'elle est au couvent, loin des mondanités de la poésie et du désir des hommes.

Christian, un partenaire digne de Cyrano?

Christian est beau, tandis que Cyrano a bobo : ainsi pourrait-on résumer, avec Cyrano lui-même (II, 6), la situation tragi-comique où tous deux se débattent : « Oui, j'ai certain esprit facile et militaire. / Mais je ne sais devant les femmes, que me taire » (II, 10). Christian, personnage assez pâlot au début, voué aux platitudes et au silence, naît véritablement lorsque Cyrano

lui insuffle la vie, en lui proposant une sorte de « play-back »
métaphysique où ils font « collaborer un peu [les] lèvres et [les]
phrases » et une union de l'esprit et de la beauté : « Tu marcheras,
j'irai dans l'ombre à ton côté : / Je serai ton esprit, tu seras ma
beauté » (II, 10).

Un tel pacte, qui rappelle celui de Faust et du diable, malgré la
légèreté du projet initial, ne peut être dissous que par la mort des
deux protagonistes. Car, en rendant l'âme, Christian n'a pas
libéré celle de son compagnon; au contraire, il l'enchaîne au
souvenir, au remords, à l'héritage. Christian lui-même est grandi
dans ces épreuves; en comprenant peu à peu le sacrifice de son
ami, il gagne une dimension nouvelle, devient, à sa manière, un
partenaire digne de Roxane et de Cyrano, se hausse à leur niveau
à travers son sacrifice.

L'action menée
tambour battant

Une « pièce bien faite »

Dans une telle pièce héroïque et « de cape et d'épée », l'action ne
ralentit jamais : elle est construite autour des exploits guerriers et
poétiques de Cyrano, dans des lieux aussi divers que possible
(théâtre, rôtisserie, balcon, champ de bataille, couvent), mais
aussi, de manière plus subtile, sur l'admiration et la pitié que le
spectateur éprouve face à ce personnage au long nez et aux

grands soucis. À la différence d'une pièce classique, l'action y est très souvent représentée directement. L'action « extérieure » est toujours concrète et visuelle : elle est figurée par la scène, qu'il s'agisse d'un duel, d'une attaque ou de la mort de Christian et de Cyrano. L'action intérieure, celle de l'évolution des sentiments des personnages principaux (Cyrano, Christian, Roxane) est au moins aussi importante que l'action extérieure, celle des exploits et des morceaux de bravoure. Rostand maintient de plus un équilibre entre action collective et action individuelle. Il sait répartir et équilibrer les moments lyriques statiques, où l'on est très proche du drame poétique, et les moments dramatiques et dynamiques, où Cyrano est pris dans le feu de l'action et de la parole. La construction de la fable est très classique : nœud de l'action, aux premier et deuxième actes, péripétie au troisième, retournement et catastrophe aux quatrième et cinquième.

Dans cette pièce bien faite (ainsi qu'on appelle ce type d'œuvres brillantes par la virtuosité de l'intrigue et l'agencement logique de l'action), les cinq actes sont équilibrés, se développent selon le même rythme (montée continue de la tension jusqu'à la pointe finale des derniers vers), ils ménagent des scènes à faire et des moments de grande intensité dramatique. À chaque acte correspondent un lieu et une atmosphère différents : on assiste à une suite épique de tableaux et l'on vit en même temps une montée dramatique vers la catastrophe finale, une catastrophe en deux temps : la mort de Christian (IV) et celle de Cyrano (V), ainsi que la découverte de la vérité.

La perpétuelle alliance des contraires

La séquence des cinq actes répond à un jeu de symétries : on passe du théâtre (I) au couvent (V), de la théâtralité généralisée d'une société au drame individuel de Cyrano agonisant. Les actes II et IV s'opposent par l'alliance des contraires : la rôtisserie de Ragueneau nourrissant les poètes (II) contre le camp retranché des Gascons affamés (IV). Au centre de cet édifice, l'acte III, celui du balcon de Roxane, ménage un court moment de bonheur partagé (celui du ménage à trois), d'équilibre entre l'individuel et le collectif, l'amour et la guerre.

Les motivations de l'action sont clairement explicitées et sont très prosaïques : Cyrano a honte de son nez et il se sent agressé par tous. On est loin évidemment des motivations nobles et morales d'un personnage de la tragédie classique : aucun Dieu, aucune loi, aucune exigence intérieure qui seraient la clé de l'intrigue. Mais, derrière cette simplicité affichée par les personnages et par la fable (l'histoire racontée et la manière de la raconter), rien n'interdit d'interroger des motivations plus cachées ou inconscientes : l'action invisible, celle qui agite les âmes des protagonistes, bien au-delà du cliquetis des tirades et des épées, est beaucoup plus complexe et ambiguë.

L'action est toujours quelque peu théâtralisée ; elle est d'ailleurs redoublée par des effets de théâtre dans le théâtre : à l'acte premier, Cyrano remplace au pied levé les acteurs de l'Hôtel de Bourgogne. À l'acte II, les mangeurs ne riment pas, et les rimeurs (Ragueneau, Cyrano) ne mangent pas. Cyrano met en scène son double corporel, Christian, « animal » chargé de monter « cueillir le baiser de la gloire« (III). Les Gascons assiégeant Arras sont eux-mêmes assiégés par les Espagnols (IV). Et seul l'aveu indirect de Cyrano, jouant « ce rôle d'être le vieil ami qui vient pour être drôle ! » met fin à la comédie amère.

Histoire
de la mise en scène

1897. Création le 28 décembre. La pièce est jouée 400 fois jusqu'à mars 1899, reprise en 1900, 1902 et 1903 par Coquelin, à la Porte-Saint-Martin, puis à la Gaité, jusqu'en 1908.

1913. Reprise avec Le Bargy.

1915. Avec Jean Dargon.

1925. Avec Victor Francen.

1928. Avec Pierre Fresnay, au théâtre Sarah-Bernhardt.

1936. Dernière saison à la Porte-Saint-Martin.

1938. Entrée à la Comédie-Française dans la mise en scène de Pierre Dux avec André Brunot (Cyrano), Marie Bell (Roxane), Maurice Escande (de Guiche); décors de Christian Bérard.

1949. Version italienne de Gino Cervi.

1953. La Comédie-Française cesse de jouer la pièce (jusqu'à 1964).

1956. Mise en scène de Raymond Rouleau au théâtre Sarah-Bernhardt avec Pierre Dux (Cyrano) et Françoise Christophe (Roxane).

1963. Mise en scène à Munich dans les décors de Jean-Denis Malclès, l'illustrateur de l'édition de Jacques Truchet à l'Imprimerie nationale.

1964. Reprise de la Comédie-Française dans la mise en scène de Jacques Charon avec Jean Piat, puis Paul-Émile Deiber (Cyrano) et Geneviève Casile (Roxane).

1976. Représentations exceptionnelles de la Comédie-Française au palais des Congrès avec trois Cyrano : Jacques Toja,

Jacques Destoop et Alain Pralon : 80 000 spectateurs de septembre à octobre.

1983. Mise en scène de Jérôme Savary à Mogador avec Jacques Weber, puis en 1984 avec trois nouveaux Cyrano : Denis Manuel, Jean Dalric, Pierre Santini. Succès considérable.

1985. Mise en scène à Reims de Jean-Claude Drouot, également interprète du rôle-titre.

1990. Mise en scène de Robert Hossein, avec Jean-Paul Belmondo au théâtre Marigny. Succès et tournée en France durant la saison 1991-1992.

Le style et la dramaturgie

Une tonalité propre à chaque acte

Tant le poète-escrimeur Cyrano que le dramaturge-versificateur Rostand témoignent d'une virtuosité insolente dans leur rhétorique et leur style, maniant aussi bien le stylet que l'alexandrin. Virtuosité de la versification, des jeux de mots, de la dramaturgie aux effets contrastés, de l'alliance des genres et des atmosphères. La pièce est tour à tour la réécriture d'un drame héroïque en vers flamboyants, d'une tragédie classique, d'un drame romantique grotesque à la Hugo, d'une comédie de cape et d'épée à la Lope de Vega, d'un mélodrame à l'ancienne et d'un drame poétique fin de siècle. Rostand a su souligner la diversité des styles et des techniques, et faire de ce « bricolage dramaturgique » un atelier de réécriture, un creuset de citations, d'allusions, de pastiches, d'écritures diverses, de formulations paradoxales, où le laid confine au sublime, le tragique au comique, l'héroïsme au mélodrame. Chaque acte possède sa tonalité propre : l'héroïsme au premier, le grotesque et le pathétique au deuxième, l'ironie et l'humour au troisième, le tragique au quatrième, le pathétique au cinquième.

La précision et le souci du détail historique n'excluent pas une stylisation des lieux, des groupes et des actions : quelques propriétés suffisent à caractériser les personnages, et l'action progresse de manière régulière, en prenant soin de préciser le portrait de Cyrano, de confirmer sans cesse son côté grotesque et sublime, d'amener le spectateur, d'épisode en épisode, à la tragédie finale des actes IV et V.

Une synthèse éclectique

On pourrait qualifier de « style néo » une telle synthèse éclectique où le dramaturge emprunte au classicisme (versification et construction des cinq actes), au baroque (fantaisie débridée), au romantisme (drame en vers sublime et grotesque), à la préciosité (créations verbales et subtilité de la formulation), au boulevard (esprit et mots d'auteur). « Style néo » qui s'avoue le plus souvent comme pastiche ironique, comme cleptomanie littéraire sans prétention, dont l'habileté suprême est de mettre en scène un héros génial mais malheureux, classique mais irrégulier, sincère mais mythomane.

La versification se coule assez bien dans le moule classique, malgré quelques entorses au bon goût, quelques vers et rimes faciles, plusieurs réminiscences classiques. Le sens est toujours clair, malgré les enjambements, les stichomythies, les césures irrégulières. Rostand a l'art du paradoxe, de l'oxymore, du grotesque, de la pointe sans merci ou sans conséquence. Il sait trouver une parfaite correspondance entre le fond (l'histoire d'un poète héroïque et réfractaire à tout système) et la forme (la manière de raconter son histoire et de faire parler son héros).

Il domine parfaitement les changements et les effets de rythme, lesquels sont liés à l'enchaînement dramaturgique des motifs, notamment à l'alternance des scènes dramatiques de duel, de combat, d'aveux masqués et des scènes plus statiques des monologues lyriques où Cyrano n'est plus opposé qu'à lui-même. Le rythme des duels verbaux et des longs monologues (la pièce n'est en réalité qu'une pièce à un personnage) dépend, en dernier ressort, de la virtuosité de la déclamation, du caractère physique, concret et oral de sa récitation. D'où l'extrême importance du rythme poétique que l'acteur jouant Cyrano doit savoir imprimer à son texte : il lui faut le déclamer plutôt que le dire, lui garder sa tenue poétique, dans sa rhétorique verbale, son sens humoristique de l'exagération calculée, la théâtralisation continuelle de son jeu. L'oralité de ce texte, le fait qu'il n'est véritablement lui-même que dans la bouche d'un grand acteur-déclamateur, et donc qu'il a besoin d'une mise en scène pour être perçu dans son architecture complexe, ne l'empêche toutefois pas d'être aussi un poème dramatique, un texte que l'on apprécie à la lecture, en vivant et en jouant simultanément tous les personnages. Exemple rare de texte dramatique qui réussit aussi bien à la lecture qu'à la représentation.

Rostand, *Cyrano* et la critique

Un premier succès très cocardier

La pièce a eu un succès immédiat car elle a su trouver une place originale, face aux querelles du naturalisme et du symbolisme. Outre ses qualités propres, elle doit probablement son succès à l'atmosphère revancharde, en France, à la fin du siècle, après ce que Jean-Paul Sartre appelle « notre déculottée de 1870 ».

Huit ans avant ma naissance, Cyrano de Bergerac avait « éclaté comme une fanfare de pantalons rouges ». Un peu plus tard, l'Aiglon fier et meurtri n'avait eu qu'à apparaître pour effacer Fachoda [...]. L'agressivité nationale et l'esprit de revanche faisaient de tous les enfants des vengeurs. Je devins un vengeur comme tout le monde : séduit par la gouaille, par le panache, ces insupportables défauts des vaincus, je raillais les truands avant de leur casser les reins.

Jean-Paul Sartre, *les Mots*, Gallimard, 1964.

Hier, sur la scène de la Porte-Saint-Martin, devant le public transporté d'enthousiasme, un grand poète héroï-comique a pris sa place dans la littérature contemporaine ; et cette place n'est pas seulement l'une des premières parmi les princes du verbe lyrique sentimental et fantaisiste, c'est la première. [...] Il a l'idée frappée dans le métal sonore de l'expression ; il a l'imagination et l'image qui s'envolent comme un oiseau versicolore ; il a l'intelligence qui se communique à la foule par un verbe éclatant ; il a l'art dont les délicats sont ravis et charmés ; il a la force et la sensibilité, l'abondance et la variété, la fantaisie et l'esprit, l'émotion et l'éclat de rire, le panache et la petite fleur bleue. Il a la flamme, l'action et la virtuosité.

Henry Bauër, *l'Écho de Paris*, 28 décembre 1897.

Le 28 décembre 1897 restera, je crois, une date dans nos annales dramatiques. Un poète nous est né et ce qui me charme encore davantage, c'est que ce poète est un homme de théâtre.

Cyrano de Bergerac n'est pourtant pas le premier ouvrage de M. Edmond Rostand [...]. Mais, après ces essais, nous ne pouvions savoir encore si M. Edmond Rostand serait autre chose qu'un délicieux improvisateur. Le doute n'est plus possible aujourd'hui. *Cyrano de Bergerac* est une très belle œuvre, et le succès d'enthousiasme en a été si prodigieux que, pour trouver quelque chose de pareil, il faut remonter jusqu'aux récits que nous ont faits des premières représentations de Victor Hugo les témoins oculaires. C'est une œuvre de charmante poésie, mais c'est surtout, et avant tout, une œuvre de théâtre. La pièce abonde en morceaux de bravoure, en motifs spirituellement traités, en tirades brillantes : mais tout y est en scène ; nous avons mis la main sur un auteur dramatique, sur un homme qui a le don.

Et ce qui m'enchante plus encore, c'est que cet auteur dramatique est de veine française. Il nous rapporte du fond des derniers siècles le vers de Scarron et de Regnard ; il le manie en homme qui s'est imprégné de Victor Hugo et de Banville ; mais il ne les imite point ; tout ce qu'il écrit jaillit de source et a le tour moderne. Il est aisé, il est clair, il a le mouvement et la mesure, toutes les qualités qui distinguent notre race.

Quel bonheur ! quel bonheur ! Nous allons donc enfin être débarrassés et des brouillards scandinaves et des études psychologiques trop minutieuses, et des brutalités voulues du drame réaliste. Voilà le joyeux soleil de la vieille Gaule qui, après une longue nuit, remonte à l'horizon. Cela fait plaisir ; cela rafraîchit le sang.

Francisque Sarcey, le Temps, 3 janvier 1898.

J'aurai le courage ingrat de considérer Cyrano comme un événement merveilleux sans doute, mais non pas, à proprement parler, surnaturel. La pièce de M. Rostand n'est pas seulement délicieuse : elle a eu l'esprit de venir à propos. Je vois à l'énormité de son succès deux causes, dont l'une (la plus forte) est son excellence, et dont l'autre est sans doute une lassitude du public et comme un rassasiement, après tant d'études psychologiques, tant d'historiettes d'adultères parisiens, tant de pièces féministes, socialistes, scandinaves : toutes œuvres dont je ne pense a priori aucun mal, et parmi lesquelles il y en a peut-être qui contiennent autant de substance morale et intellectuelle que ce radieux *Cyrano ;* mais moins délectables à coup sûr, et dont on nous avait un peu accablés dans ces derniers temps. Joignez que *Cyrano* a bénéficié même de nos discordes civiles. Qu'un journaliste éloquent ait pu écrire que *Cyrano de Bergerac* « éclatait comme une fanfare de pantalons rouges » et qu'il en ait auguré le réveil du nationalisme en France, cela montre bien que des sentiments ou des instincts assez étrangers à l'art sont venus seconder la réussite de cette exquise comédie romanesque, et que, lorsqu'un succès de cette ampleur se déclare, tout contribue à l'enfler encore.

Je me hâte d'ajouter que l'opportunité du moment eût médiocrement servi la pièce de M. Edmond Rostand, si elle n'était, prise en soi, d'un rare et surprenant mérite. Mais ce mérite, enfin, quelle en est l'espèce ? Est-il vrai que cette comédie « ouvre un siècle » ou, plus modestement, qu'elle « commence quelque chose », — comme *le Cid,* comme *Andromaque,* comme *l'École des femmes,* comme *la Surprise de l'amour,* comme *le Mariage de Figaro,* comme *Hernani,* comme *la Dame aux camélias* ?

Je serais plutôt tenté de croire que le mérite de cette ravissante comédie, c'est, sans rien « ouvrir » du tout (au moins à ce qu'il me semble), de prolonger, d'unir et de fondre en elle sans effort, et certes avec éclat, et même avec originalité, trois siècles de fantaisie comique et de grâce morale — et d'une grâce et d'une fantaisie qui sont de « chez nous ».

Jules Lemaître, Revue des Deux Mondes, 1er février 1898.

Avant tout, un grand auteur populaire

Après 1918, l'éloge inconditionnel ou la critique dévastatrice semblent cesser. On reproche souvent à Rostand d'avoir trop flatté le goût du public pour la facilité, l'héroïsme, voire d'incarner une France en déclin. Les échecs de ses autres pièces rejaillissent quelque peu sur le jugement trop catégorique porté sur *Cyrano.* Rostand a été, remarque justement Thibaudet, une figure cardinale non pas de la « littérature en marche », mais de l'« histoire littéraire » et du public populaire.

Il y a trois points de vue possibles sur le cas Rostand. Celui des contemporains et du public de théâtre, qui lui ont conféré pendant quinze ans la plus vaste gloire de poète qui ait existé en France depuis

Victor Hugo. Celui de ce qu'on pourrait appeler la littérature en marche, qui l'a déclassé violemment, en même temps et pour les mêmes raisons qu'Anatole France. Celui de l'histoire littéraire, qui a de quoi le reclasser.

Que Rostand comme France n'apportent rien aujourd'hui aux Français de vingt ans, ni à la femme de trente ans, c'est un fait, et si les enfants gardaient les goûts de leurs grands-pères il n'y aurait pas de littérature. Mais Rostand comme France apportent de l'intelligibilité dans les lettres françaises. Rostand y représente quelque chose. Il a tenu un mandat, il l'a exercé brillamment, et jusqu'au bout. Le théâtre en vers a eu grâce à lui de grandes funérailles et des jeux funèbres somptueux. [...]

Brunetière voyait dans le burlesque et le précieux des maladies toujours menaçantes de la littérature française, et il les poursuivait d'un doigt comminatoire, comme M. Purgon poursuit, par les tableaux des maladies qui l'attendent, l'indépendance médicale d'Argan. Et ce sont peut-être des défauts, mais *Cyrano* a fait au burlesque et au précieux le sort magnifique que la *Physiologie du goût* fait à la gourmandise. Le burlesque et le précieux ont été pris dans un mouvement de rythme et de rimes, dans un élan physique, dans une allure dramatique, qui ont ajouté non évidemment à la pensée du théâtre, mais à sa joie, à sa santé, à sa tradition historique. Que maintenant il n'y ait pas plus d'humanité dans *Cyrano* que dans les *Burgraves* et dans *le Chapeau de paille d'Italie*, d'accord. Ces pièces savent s'en passer, voilà tout.

> Albert Thibaudet, *Histoire de la littérature française de 1789 à nos jours,*
> Stock, 1936.

Le succès de la pièce durant toutes ces années ne s'est jamais démenti, grâce aussi à de prestigieux acteurs prêtant leur physique à Cyrano. Il reste toujours cependant dans les jugements, même les plus récents, une réserve mentale du juge : « c'est brillant, mais attention... ».

À vingt ans, sur la foi d'André Gide, et de Copeau, et de Claudel, je croyais que ce théâtre-là était méprisable. Il n'empêche qu'avec Jean de La Ville de Mirmont nous étions allés nous mêler à la foule des badauds pour assister à la sortie des spectateurs, le soir de la première de *Chantecler*. Rostand comptait pour nous plus que nous n'osions en convenir. Nous n'étions pas si intelligents qu'on l'est aujourd'hui. On ne pouvait être moins philosophe ; nous nous servions du langage sans nous interroger à son propos. Nous avions encore cette idée naïve qu'à la scène ou dans un roman un auteur doit s'efforcer de plaire au public et d'être entendu de lui. Il nous a fallu beaucoup de temps pour revenir de notre erreur, et j'aurais eu honte d'être vu par nos cadets à *Cyrano de Bergerac,* un soir qui n'était pas un soir de gala et où j'étais sans excuse de me trouver, puisque je n'y pouvais être que pour mon plaisir et que ce plaisir avait été jusqu'aux larmes...

François Mauriac, le Figaro littéraire, 27 février 1964.

Même réaction chez un critique comme Pierre Marcabru ou un metteur en scène (à Mogador en 1983-1984) comme Jérôme Savary.

Alors, il faut se résigner, Cyrano c'est la France, une certaine image de la France, un certain mouvement de son cœur. Les esprits forts ont beau hausser les épaules. Il faut en prendre son parti. *Cyrano de Bergerac* brave le temps parce que tout s'inscrit ici dans le courant profond de l'émotion populaire. Sentimentalisme, gloriole, clinquant des vers, coups d'épée, coups de gueule, qu'importe ! Edmond Rostand a visé juste, et il ne visait pas bas. Nous marchons au canon comme un seul homme [...] Claudel ou Rostand, il faut choisir, disait un jour Gide. Pourquoi pas Claudel et Rostand. Le théâtre ne se divise pas.

Pierre Marcabru, le Figaro, 27 septembre 1976.

Rostand a très bien construit le parallèle [entre Ragueneau et Cyrano]. J'aime les gens qui savent calculer, se servir des poncifs dans ce qu'ils ont de vérité. Si on arrive à écrire une pièce comme *Cyrano,* peu importe qu'on ait pompé un peu partout, on a du génie. Rostand a cherché le triomphe et l'a trouvé. J'en profite. J'éprouve de la tendresse pour les personnages, Ragueneau et aussi Christian : il n'est pas si bête que sa réputation. Il adresse à Roxane la plus émouvante des déclarations, simplement « Je vous aime ». C'est beau. Cyrano, c'est le Français qui la ramène, un bravache attendrissant, un homme libre. « Ne pas monter bien haut, dit-il, mais tout seul. » Rostand a écrit un grand poème épique sur la liberté.

Jérôme Savary, dossier de presse
pour la mise en scène au théâtre Mogador, 1983.

Avant ou après la lecture

Lectures et mises en scène

1. Monter *Cyrano de Bergerac* au théâtre : quelles seraient les grandes options quant à la scénographie, au jeu des acteurs principaux, à l'interprétation du texte ?

2. Adapter la pièce au cinéma : quelles scènes mettre en valeur ? Quels lieux, quels costumes, quels types de comédiens choisir ? Quelles suggestions pour la mise en scène peut-on lire dans les didascalies et le texte dramatique ?

Exposés

1. Le comique et le tragique de la pièce.

2. L'évolution du personnage de Cyrano.

3. L'action et sa prise en charge par le texte.

4. L'exactitude historique et la stylisation de *Cyrano de Bergerac*.

5. Le système des lieux et des temporalités.

6. Analyse de quelques-unes des techniques dramaturgiques et scéniques de la pièce.

Dissertations

1. En quoi la pièce crée-t-elle un mythe populaire ?

2. Quelles semblent être les possibilités et les difficultés du drame héroïque et de la comédie de cape et d'épée aujourd'hui ?

3. Résumer la « philosophie » de Cyrano.

4. Rostand invente-t-il une dramaturgie originale pour sa pièce ? Quels sont les apports d'autres genres et d'époques différentes ?

5. Comment expliquer les jugements très contrastés sur l'œuvre?

6. En quel sens pourrait-on dire que Cyrano est le metteur en scène de lui-même et de son époque?

7. Y a-t-il aujourd'hui un sens à avoir du panache?

Commentaires composés

1. La tirade du nez (acte I, sc. 4).

2. La tirade des « non, merci » (acte II, sc. 8).

3. Le récit de Cyrano et les provocations de Christian (acte II, sc. 9).

4. La dernière scène de la pièce (acte V, sc. 6).

Bibliographie, filmographie, discographie

Bibliographie

Pour une bibliographie très complète sur le vrai Cyrano de Bergerac et le théâtre d'Edmond Rostand, consulter l'édition de Jacques Truchet à l'Imprimerie nationale, *Édition de Cyrano de Bergerac,* illustrées par Jean-Denis Malclès, coll. « Lettres françaises », 1983.